L'ESSERE E L'UNO

di

Giovanni Pico della Mirandola

2024 Artemide Libri

ISBN: 9798227856081.

È stata la filosofia che mi ha insegnato a dipendere dalla mia coscienza piuttosto che dagli altrui giudizi.

- Pico della Mirandola, *De Hominis Dignitate.*

Ritratto di Giovanni Pico della Mirandola (Autore ignoto - Firenze - R. Galleria Uffizi).

La traduzione del testo che qui presentiamo del *De Ente et Uno* (1492) è stata condotta nel modo più aderente anche a costo di tradire l'eleganza dello stile del Pico. Fin dove si è potuto si sono rintracciati i richiami.

Nell'introduzione era nostro proposito elencare con le edizioni i manoscritti che ci conservino opere pichiane. Ma abbiamo rimandato ciò al volume che conterrà le lettere e gli scritti teologici (ad essi si riferiscono quasi tutti i mss.) date le difficoltà di una rassegna accurata nelle attuali contingenze. Abbiamo tuttavia indicato il materiale più importante ed esaminato quanto si riferisce alle opere qui stampate.

Ringrazio mia Moglie senza la cui collaborazione questo lavoro, qualunque cosa valga, mi sarebbe stato impossibile. Ringrazio il Prof. Enrico Castelli che l'ha promosso e nulla ha trascurato per facilitarlo. Ringrazio il Prof. Luigi Gasperetti e la Dott. Marina Fusai, che vollero aiutarmi nella revisione delle bozze; il Dott. Alessandro Perosa che mi ha gentilmente fornito alcune indicazioni; il Dott. Carlo Angeleri della Sala Rinascimento della Bibl. Nazionale di Firenze, aiuto prezioso in questi lavori.

Eugenio Garin.

Firenze, ottobre 1941-XX.

INDICE

PREFAZIONE

Pico della Mirandola (Giovanni dei Pico, conti di Mirandola e della Concordia, località del Modenese) nasce nel 1463. Grazie alle parentele della madre, imparentata con Matteo Boiardo, Pico ha una formazione d'eccellenza, sia a livello universitario sia presso i centri intellettualmente più vivaci della penisola, entrando in contatto con Marsilio Ficino e la corte medicea. A Firenze, Pico divenne amico, oltre che di Lorenzo - al quale dedicò l'*Heptalus* (1489), commento alla *Genesi*, a dimostrare l'accordo tra il racconto biblico della creazione e il platonismo - di Angelo Poliziano, generalmente considerato il maggiore tra i poeti italiani del XV secolo.

La formazione di Pico si caratterizza subito per lo spiccatissimo sincretismo e l'eterogeneità degli spunti, nonché per un'insaziabile curiosità: alla filosofia neoplatonica si aggiungono gli studi di aristotelismo a Padova, fino all'apprendimento dell'ebraico (oltre al greco e all'arabo), chiave d'accesso fondamentale per i testi della mistica e della cabala. Pico della Mirandola prova a riassumere tutto il suo pensiero nelle

Conclusiones, novecento tesi che spaziano attraverso tutto lo scibile umano del tempo, che l'autore prepara (assieme alla celebre prolusione *De hominis dignitate - Orazione sulla Dignità dell'Uomo)* per un futuro convegno di dotti che avrebbe dovuto tenersi a Roma. I sospetti di eresia che si addensano su Pico da parte della curia romana portano non solo all'annullamento del simposio culturale, ma anche al tentativo di fuga in Francia. Nel 1492, due anni prima dell'improvvisa e misteriosa morte, Pico dedica al Poliziano un trattato filosofico, il *De ente et uno*, in cui svolge l'idea di una possibile sintesi tra dottrine e religioni diverse, e sul rapporto tra l'insufficienza della ragione (che pure arricchisce l'uomo) e il ruolo essenziale dell'amore di Dio. Il proposito di Pico, esplicitamente dichiarato nel *De ente et uno*, consiste infatti nel ricostruire i lineamenti di una filosofia universale, che nasca dalla concordia fra tutte le diverse correnti di pensiero sorte sin dall'antichità, accomunate dall'aspirazione al divino e alla sapienza, e culminanti nel messaggio della Rivelazione cristiana. In questo suo ecumenismo filosofico, oltre che religioso, vengono accolti non solo i teologi cristiani ed esoterici insieme a Platone, Aristotele, i neoplatonici e tutto il sapere gnostico ed ermetico proprio della filosofia greca, ma anche il pensiero islamico, quello ebraico e appunto cabalistico, nonché dei mistici di ogni tempo e luogo.

Giovanni Pico della Mirandola è uno dei più noti e studiati autore del Rinascimento italiano. Ciononostante, si registra una difficile reperibilità delle sue opere, stante la scarsità di edizioni complete e accurate. È in questa ottica che riproponiamo le traduzioni in italiano degli originali latini tratte da *De hominis dignitate, Heptaplus, De ente et uno; e scritti vari*, a cura di E. Garin, Vallecchi, Firenze, 1942.

INTRODUZIONE

L'ORATIO, LE CONCLUSIONES, L'APOLOGIA.

Continui sono nel *Commento* i richiami alla pubblica disputa delle *Conclusiones*; frequentissimi i paralleli con L'*Oratio*. Le tre opere furono in realtà composte quasi contemporaneamente. L'idea di discutere pubblicamente i punti fondamentali della sua dottrina, secondo l'opinione comune, sarebbe sorta nella mente del Pico durante il soggiorno parigino. È ad ogni modo certo che, appena tornato in Italia, si mise all'opera raccogliendo materiale. A Fratta, vicino a Perugia, fissa le tesi e stende il discorso preliminare, tutto fresco di entusiasmo per la cabala, a cui si andava iniziando con l'aiuto di Flavio Mitridate e con qualche indicazione di Elia del Medigo.

Il 12 novembre 1486 il lavoro era finito. A Girolamo Benivieni che era stato a trovarlo scrive : «Disputanda per me publice dogmata ante tuum a me discessum 700is claudebantur. Postquam abisti ad 900 excreverunt progrediebanturque, nisi receptui cecinissem, ad mille. Sed placuit in eo numero, utpote mistico, pedem

"

sistere. Est enim (si vera est nostra de numeris doctrina) symbolum animae in se ipsam oestro Musarum percitae recurrentis».[1] II 7 dicembre erano pubblicate a Roma e nel verso dei fol. 35 si poteva leggere questa avvertenza : «conclusiones non disputabuntur nisi post Epiphaniam. Interim publicabuntur in omnibus Italiae Gymnasiis. Et si quis Philosophus aut Theologus etiam ab extrema Italia arguendi gratia Romam venire voluerit pollicetur ipse D. disputaturus se viatici expensas illi soluturum de suo».[2]

L'avvertenza premessavi è ugualmente interessante. Il Pico rende noto, fra l'altro, che egli non intende seguire il nitore della lingua latina, ma lo stile parigino, che è proprio dei filosofi e dei teologi : «in quibus recitandis non Romanae linguae nitorem, sed celebratissimorum Parisiensium disputatorum dicendi genus est imitatus, propterea quod eo nostri temporis philosophi plerique omnes utuntur».

Delle tesi, le prime quattrocènto hanno un carattere storico-critico; si riferiscono cioè a punti specialmente discussi di teologi e filosofi: Alberto Magno, S. Tommaso, Francesco di Mayronnes, Duns Scoto, Enrico di Gand, Egidio Romano, Averroè, Avicenna, Alfarabi, Isaac di Narbona, Abumaron babilonese, Mosè Maimonide, Maometto di Toledo, Avempace, Teofrasto, Ammonio, Simplicio, Alessandro di Afrodisia, Temistio, Plotino, Adelando Arabo, Porfirio, Giamblico, Proclo, Pitagora, i Teologi Caldei, Mercurio Trismegisto, i Cabbalisti. Le seguenti esprimono le opinioni del Pico e offrono, nella forma scarna di una proposizione, le sue concezioni caratteristiche.

Precede un'avvertenza dettata da cautela: «in

quibus omnibus nihil assertive vel probabiliter pono, nisi quatenus id vel verum vel probabile iudicat sacrosancta Romana Ecclesia, et caput eius bene meritum summus Pontifex Innocentius octavus, cuius iudicio qui mentis suae iudicium non summittit, mentem non habet». Prudenza che, tuttavia, doveva servirgli ben poco.

Non solo le tesi teologiche di sapore eterodosso, come la negazione dell'eternità delle pene infernali, la negazione della discesa di Cristo all'inferno, la difesa di Origene, gli nocquero; più ancora suscitò scandalo il suo entusiasmo dichiarato per la magia, intesa come scienza della natura, e soprattutto per la cabbala. Il suo sogno di una *pax fidei*, oltre che di una *pax philosophorum*, non poteva non riuscire sospetto ; non poteva non suscitare reazione la sua valorizzazione del pensiero ebraico.

Il discorso di apertura alla discussione, che fu poi chiamato l'*Oratio de hominis dignitate* e, più semplicemente, nelle prime stampe, l'*Oratio*, conteneva già in una sua parte una *Apologia*. Il Pico si difendeva con grande vivacità dalle critiche che erano state mosse in gran numero al suo proposito. Gli stessi accenti e alcune frasi ed argomentazioni dell'*Oratio* compaiono nella lettera scritta a Andrea Corneo di Urbino il 15 ottobre dell' 86, da Perugia. In quel tempo appunto l'aveva stesa, probabilmente in due momenti, come del resto si vede dal tono diverso dello scritto, ora tutto impeto mirabile, ora più lento e quasi direi più preoccupato dalla polemica o da una ingenua ambizione.

Nella lettera al Benivieni, dopo le frasi riportate, leggiamo : «Accessit et orationi id quod ad te mitto.

Cum enim statutum sit mihi ut nulla praetereat dies, quin aliquid legam ex Evangelica doctrina, incidit in manus, postridie quam discesseras, illud Christi : «Pacem meam do vobis, pacem relinquo vobis» (Johan., XIV, 27). Illico subita quadam concitatione de pace quaedam ad philosophiae laudes facientia tanta celeritate dictavi, ut notarii manum praecurrerem saepe et inverterem». Si tratta, con ogni probabilità, della prima parte dell'*Oratio*, dove appunto viene elevato un vero inno alla concordia degli spiriti ed in cui l'eloquenza è veramente così alta da meritare il nome di poesia. «Ad illud prò pace extemporaneum carmen effudi» scrive altrove, a Baldo perugino, alludendo, credo, allo stesso scritto.[3]

La seconda parte dello scritto, invece, è volta, oltre che a precisare i termini della discussione, a ribattere le accuse e le critiche che gli venivano mosse da più parti. Basta leggere, del resto, la lettera che Ermolao Barbaro scriveva a Roberto Salviati da Venezia nell'aprile dell' 87 per rendersi conto che anche i benevoli non giudicavano favorevolmente l'iniziativa pichiana. Il Pico scriveva nella sua orazione che egli si sentiva ben lontano dai suoi contemporanei imitatori di Gorgia; il Barbaro, in tono assai freddo, lo paragonava senz'altro a Gorgia e, pur ripetendo che lo ammirava, faceva una vera e propria requisitoria contro le discussioni pubbliche, inutili e vane, in cui il successo non contribuisce in nulla a un'effettiva conquista della verità. Dispute da cui i veri filosofi si tengon lontani, anche se è scusabile che taluno le pratichi per desiderio di onori. «Et, hercule, si valitudinem, si vires, si colorem, si pecuniam et cetera quae sunt extra, quaerere vel optare crimen non est, cur sit honores ?...

Quaeras tamen unde peripateticis et achademicis hoc disputandi genus alienum esse videatur : quia hoc nec tanquam philosophi, nec tanquam dialectici faciant qui faciant».[4]

Condanna più sottilmente definitiva era difficile lanciare: chi fa ciò non lo fa né come filosofo nè come dialettico; ma è umanamente scusabile come chiunque cerca le cose esteriori che non dipendon da noi, ricchezze, salute, forza fisica.

Nelle parole del Barbaro c'era forse la ritorsione all'accusa di retore che il Pico gli aveva fatto in nome del puro filosofare. Comunque, l'opinione da lui espressa fu quella dei moderati; gli altri agitarono l'accusa ben più grave di eresia, e Pico dovette, di fronte alla commissione pontificia, scolparsi e difendere le sue opinioni. Le sue risposte, a noi pervenute, contengono le basi dell'*Apologia*, ma non convinsero i giudici, che il Pico accuserà poi di ridicola ignoranza. La discussione ci fu, e assai viva, se dall'arida prosa dei verbali passiamo a ricercarla nelle pagine vivacissime dell'*Apologia*. Ma fu diversa da quella sperata dal Pico; i suoi critici non sapevano il greco, credevano che *cabala* fosse un uomo cattivo, adducevano a testimoniare contro di lui opuscoli di propaganda e di devozione. Ma il 5 marzo sette tesi venivano condannate e di altre sei fu dichiarata dubbia l'ortodossia: «nonnullas.... haeresim sapientes, aliquas scandalosas piarumque aurium offensivas, plerasque etiam renovantes errores gentilium philosophorum iamdudum abolitos et obsoletos et alias perfidias Iudaeorum foventes, nec non complures quae sub quodam fuco philo-sophiae naturalis honestare nituntur artes quasdam Fidei Catholicae et humano generi inimicas a suis canonibus et doctrinis Catholicorum Doctorum acerrime damnatas propositiones».[5] Sospesa la discussione, destinate alla distruzione le tesi, l'*Oratio*, che è veramente il manifesto del Rinascimento, rimase manoscritta. Lo scritto in cui la vasta letteratura sull'uomo aveva trovato l'espressione più alta, non si diffuse se non tra gli intimi. Tuttavia il Pico ne utilizzò larghe parti introducendole alla lettera nell'*Apologia*, mentre del materiale si servì per la composizione dell'*Heptaplus*. Quando, nel 1496, Gian Francesco la dette alla luce sentì il bisogno di avvertirne il lettore: «leges.... orationem elegantissimam, iuvenili quidem alacritate dictatam, sed a doctoribus prae doctrinae et eloquentiae fastigio saepius admiratam; nec te moveat si plurima in eius calce convisuntur quae et in Apologiae sunt inserta proemio, quando illud foras publicaverit, hanc domi semper tenuerit, nec nisi amicis communem fecerit».

Il Pico infatti non tacque dopo la condanna delle sue tesi, ma, rapidamente, *viginti tantum noctibus*, stese l'*Apologia* dedicata a Lorenzo de' Medici, stampata a Napoli da Francesco del Tuppo, ma senza alcuna indicazione, tranne una data (*die ultima Madij*. Anno Domini MCCCCLXXXVII) che, secondo alcuni, sarebbe da riferirsi piuttosto alla composizione che non alla stampa.[6] L'ampio proemio, come si è detto, è identico all'*Oratio*, a quella parte in cui già si difendeva dai critici. Di nuovo v'è solo un breve inizio, in cui dopo avere affermato la sua obbedienza al Papa, accenna ai suoi avversari dividendoli in cinque categorie, da coloro che in blocco condannavano ogni sapere a quelli che muovevano accuse specifiche contro la disputa. V'è pure, aggiunta, una rapida chiusa in cui dichiara di non voler altro che un più ampio e più sereno esame delle posizioni sue e delle obbiezioni oppostegli. Esame in cui però siano giudici tutti i dotti d' Europa. «Agam autem hoc ego non conviciis et contumeliis, sed ipsis rebus et rationibus, afferendo in medium quae dixi, quae scripsi, quae sensi, quid item illi dixerint et senserint. Examinabunt haec deinde alii viri docti et insignes apud nostras et apud exteras Academias. Iudicabit Sancta Sedes et sedens in ea Innocentius octavus, cuius iudicium negligere et violare nefas et flagitium».[7] Seguono le tredici discussioni su le tredici proposizioni condannate. Nella prima, *de descensu Christi ad inferos*, dove difende la tesi «Christus non veraciter et quantum ad realem praesentiam descendit ad inferos», Pico avverte: «ex superabundanti ostendam quod nullo modo possunt se excusare quod inconsulte non fuerit facta damnatio eorum». Ed è, in genere, questo il tono di tutta l'opera: estremamente vivace nel replicare alle accuse, estremamente minuto nel raccogliere dalla vastissima letteratura teologica a lui nota testimonianze a suo favore. La seconda discussione, *de poena peccati mortalis*, difende la tesi: «peccato mortali finiti temporis non debetur poena infinita secundum tempus, sed finita tantum ». E comincia con una punta amara contro uno dei suoi giudici, che in precedenza lo aveva esaltato; che poi, scoppiato lo scandalo, l'aveva attaccato: «scio quid dicerem hic de isto magistro. Est enim qui totiens in patriam literas misit de me quasi trophaeum triumphumque pollicentes. Sed volo, ut praemisi a principio, rationibus non conviciis agere causam meam». Passa poi a documentare con l'autorità dei dottori il carattere, non di vendetta, ma di miglioramento e rieducazione che ha la pena, e l'impossibilità, quindi, che essa sia eterna. La terza disputa, *de adoratione crucis et imaginum*, che difende la tesi «nec crux Christi nec ulla imago adoranda est adoratione latriae etiam eo modo quo ponit Thomas», rispecchia l'appello tipico di molti umanisti a una fede interiore, in cui anche ogni atto esterno di culto venga spiritualizzandosi in qualcosa di intimo. La quarta, *an suppositari a Deo possit natura irrationalis*, difende la tesi: «communi sententiae theologorum dicentium posse Deum quamlibet naturam suppositare, sed de rationali tantum hoc concedo».

Nella quinta, *de magia naturali et cabala Hebraeorum*, Pico tornava al suo argomento favorito. La tesi condannata era veramente tale da suscitare sospetti: «nulla est scientia quae nos magis certificet de divinitate Christi quam magia et cabala». La risposta riproduce, spesso per interi brani alla lettera, quello che aveva già osservato nell'*Oratio*.[8]

Seguono la sesta questione, *de Eucharistiae Sacramento*, e la settima *de salute Origenis* («rationabilius est credere Origenem esse salvum quam credere ipsum esse damnatum»). Ed in quest'ultima Pico quasi raccoglie il senso di ciò che in precedenza era venuto dicendo, quasi tentando nella difesa d'Origene la difesa sua.

Le altre dispute sono più rapide, circa le tesi piuttosto sospettate che condannate per eresia (*de libertate credendi, de accidentibus in Sacramento, de verbis consecrationis, de miraculis Christi, an Deus intelligat, de abdita animae intelligentia*); ma un interesse notevole ha l'ultima in cui fu vista un'affermazione del cogito, per l'insistente celebrazione di questo puro intendere del pensiero come pensiero indipendentemente da ogni, sussidio di senso o di fantasia.

La diffusione, forse prima ancora che la pubblicazione dell'*Apologia*, determinò la reazione del Pontefice, «cum sicut accepimus, idem Johannes Picus.... provisione et declaratione nostra.... non expectata, nova scripta.... addiderit». Così il 6 giugno Innocenzo VIII iniziava il procedimento per eresia a suo carico. Il 31 luglio Pico fece atto di sottomissione alle decisioni pontificie; ma il 5 agosto Innocenzo VIII condannava in blocco le tesi. Che la condanna, avvenuta nonostante la sottomissione, fosse stata determinata dalla pubblicazione dell'*Apologia*, non par cosa probabile, per quanto comunemente sostenuta, giacché è evidente che fu il procedimento iniziato nel giugno quello suscitato dalll'*Apologia*.[9] Del resto la bolla di condanna, pur recando la data del 5 agosto, fu in realtà comunicata e pubblicata il 15 dicembre;[10] segno di probabili incertezze e di pressioni pro e contro il Pico. Che nel frattempo cercava di fuggire dall'Italia inseguito dalle condanne e dagli ordini d'arresto del Papa.

Prigioniero in Francia; liberato per l'interessamento dei governi di Milano e di Firenze, nel 1488 torna a stabilirsi a Firenze, ormai tutto dedito a un più composto e maturo lavoro.

L'HEPTAPLUS

Il ritorno di Pico a Firenze fu inizio di un più stretto contatto e di più frequenti scambi di idee con Marsilio Ficino, sì che le due figure più significative del pensiero quattrocentesco si fanno sempre più legate, anche se talora in contrasto su qualche posizione. Cessa, comunque, l'atteggiamento polemico che abbiamo notato nel *Commento*.[11]

Ficino accolse con gioia il ritorno del giovane filosofo; quando lo seppe in salvo a Bologna, e la notizia Roberto Salviati corse a dargliela mentre faceva lezione, si affrettò a rallegrarsi del pericolo scampato.[12] Già prima si era congratulato per le *Conclusiones*, si era adoperato per il Pico presso Lorenzo.[13]

Quando il Magnifico invita il Pico sotto la sua protezione, Ficino, con la sua passione per l'astrologia, ritrova nelle dimore di Saturno presagi felici. « Saturno.... già quando io nacqui il suo Acquario col capo toccava, e dopo trenta anni, quando voi al mondo veniste, al medesimo ritornava. E per questo avviene che il magnanimo Lorenzo, tra li saturnini il più degno, e di me ha cura e il Pico a Firenze richiama. Benché ogni terra a un forte uomo sia patria, nondimeno la sorte che vi dà Saturno, vi comanda che ternate questa nostra terra e già lo comandò quando prima sotto quella gran congiunzione per abitar qua a Fiorenza ve ne veniste. State adunque felice e fiorentino».[14] Così il 30 maggio dell' 88. In una villa sui colli fiesolani offertagli dalla liberalità di Lorenzo, si dette a lavorare intensamente. Riprese il materiale raccolto e gli antichi disegni. Chiuso in un ritiro quasi monastico, si volse agli studi biblici. «Il Conte della Mirandola s' è fermo qui con noi — scrive Lorenzo all'ambasciatore fiorentino a Roma — dove vive molto santamente e è come uno religioso, e ha fatto e fa continuamente degnissime opere in theologia : comenta e' psalmi, scrive alcune altre degne cose theologiche. Dice l'officio ordinario de' preti, osserva il digiuno e grandissima continentia; vive sanza molta famiglia e pompa; solamente si serve a necessità, e a me pare un exemplo degli altri uomini».[15] Lo studio dei *Salmi* gli è stato suggerito da Lorenzo, come scrive nell' 89 lui stesso a Andrea Corneo.[16] Ma il commento non fu mai compiuto; Gian Francesco ci narra di aver trovato *commentaria in ordine collocata*. Tuttavia nelle edizioni delle opere comparirà solo il commento al salmo XV. Il commento al salmo XLVII fu pubblicato nel 1895 da un manoscritto estense; commenti ai salmi XI, XVII e XVIII esistono in un manoscritto ferrarese.[17]

L'esposizione era triplice, letterale, morale, allegorica. Precedeva un esame del testo e delle versioni. Ma quella che prevale è la ricerca del senso allegorico : «allegoricum autem' sensum tractare magis operae pretium duco, cum in hoc Psalmo (XI) tum in sequentibus Psalmis, quemadmodum et in introductorio polliciti sumus, quod ut faceremus nonnullas quae se tum obtulerunt rationes inibi recensuimus».[18]

Quanto ci è restato non è più di un abbozzo, in cui sono frequenti i passi simili e fin le citazioni medesime dell'*Oratio*, del *Commento*, dell'*Heptaplus*. E fu appunto nell'*Heptaplus* che felicemente culminarono gli studi del Pico. Già nel titolo, e poi chiaramente in tutta la sua struttura, l'*Heptaplus* ci mostra il genere di letteratura a cui appartiene e, quindi, in qualche modo, le radici della sua ispirazione prima. Si tratta di un commento ai versetti della Genesi in cui è narrata la creazione del mondo; Lattanzio, Gregorio di Nissa, S. Basilio, S. Ambrogio, S. Agostino, Giovanni Filopono, avevano dato, tutti, chi un *De hominis opificio*, chi un *De opificio mundi,* cui corrispondevano nel mondo classico i commenti al *Timeo.* Commenti al Timeo e trattati sull'opera dei sei giorni non erano mancati nel secolo XII. Gli scritti cabalistici erano non di rado impostati come commenti biblici alla creazione.

Qualcosa di analogo vuole fare Pico : partendo dal testo mosaico dare una compiuta visione del mondo, dell'uomo, di Dio; del processo con cui tutto parte da Dio e tutto a Dio ritorna; del circolo universale delle cose.

L'esposizione fatta in un linguaggio alto ed immaginoso, tutto pieno di espressioni e di termini biblici, è veramente efficace; l'opera, dove si compongono le indagini pichiane, è veramente originale e bella, oltre che acuta e profonda. Offerta a Lorenzo dei Medici, fu fatta pubblicare a spese di Roberto Salviati. Uscì a Firenze, in una bella edizione abbastanza corretta, senza alcuna indicazione d'anno e di stampatore. Ma lettere di ringraziamenti e di rallegramenti indirizzate al Pico stesso o al Salviati cominciano ai primi di settembre dell' 89.[19] E tale, a un dipresso, dovette esser l'epoca dell'edizione, opera, secondo i moderni bibliografi, di Bartolommeo di Libri.[20] Marsilio Ficino, Ermolao Barbaro, Cristoforo Landino, Bartolommeo Fonzio, Matteo Bossi, Cassandra Fedele, portarono alle stelle lo scritto pichiano.[21] Ma se l'autore e Lorenzo, che probabilmente l'aveva incitato, speravano che la Santa Sede ne fosse indotta a un più mite atteggiamento, furono certo molto delusi. L' insistenza negli interessi cabbalistici, gli spunti arditissimi, le reminiscenze platoniche, e una evidente simiglianza con quel platonismo cristiano da cui erano usciti gli scritti attribuiti a Dionigi l'Areopagita e le opere di Scoto Eriugena; tutto ciò non era fatto per addolcire Innocenzo VIII e chi gli stava intorno. Anzi, le accoglienze romane furono decisamente ostili e resero anche più problematici i tentativi di accomodamento tentati da Lorenzo. Di cui è veramente notevole questa lettera al Lanfredini, del 1489 : «Ho inteso con grandissima mia molestia il carico che si dà a quest'opera della Mirandola, e se io non fussi certo che questa persecuzione proceda da invidia e da malignità, per mia fè non ne parlerei. Qui è suta veduta questa opera da quanti religiosi dotti ci sono e uomini di buona fama e di santa vita, e da tutti è sommamente approvata per cristiana e cosa meravigliosa; nè io sono però sì cattivo cristiano che quando ne credessi altro, me lo tacessi o sopportassilo. Sono certo, se costui dicessi el *Credo*, cotesti spiriti maligni direbbono che fussi una eresia. Se pure N. S. fussi di qualità che potessi intendere questa verità e non avessi molte altre occupazioni sono certo presto queste cose morrebono e la verità ne verrebbe ad luce ; ma bisogna ne creda ad altri e questo povero uomo non se ne può defendere perché, come mostra le ragioni sue dicono che sono contra N. S. Se avessi a contender con loro, levatone l'autorità del Papa, sono certo gli farebbe stare cheti. Ma la sua è gran disgrazia che ha a stare a giudizio d'ignoranti e maligni che hanno per scudo il Papa. Altre volte v' ho detto che dubito non sia fatta questa cosa per desperare al tutto costui e per metterlo in qualche strana fantasia, che col tempo abbia a tornare contro N. S. perché, credete, Giovanni, costui è instrumento da sapere fare il bene e il male. La vita e modi suoi mostrano bene. Se la forza gli farà pigliare altra via, io ci perderò poco, perchè in ogni luogo dove andrà so mi vorrà bene, perché ne voglio, assai a lui. Io non vi ho mai potuto mettere in testa questa cosa, e sanza dirvi più innanzi, ché non posso, costui è stato tentato di cosa che potrebbe essere di gran scandalo e io ne l'ho sempre levato. E ultimamente s' è ridotto a vivere qui santamente e con buoni costumi e quietare l'animo suo. Cotesti diavoli con queste persecuzioni lo tentano e sono troppo creduti. Infine io non potrò fare altro che dolermene confortandovi di nuovo a mettere in questa cosa tutto lo ingegno vostro perchè pigli migliore forma, che non potresti mai stimare quanto questa cosa m' è molesta e che passione mi dà; sono certo se ne sapessi una parte non resteresti mai tanto che mi si levassi».[22]

Tuttavia, nonostante il calore affettuoso di Lorenzo, nulla mutò finché visse Innocenzo VIII.

IL DE ENTE ET UNO

Ma la grande opera del Pico, quella per cui raccoglieva materiali, che doveva rimanere fondamentale nella storia del pensiero, era la concordia fra Platone ed Aristotele, estesa poi a tutta la storia del pensiero, per far vedere, sotto gli apparenti contrasti, l'unità del pensiero che pensa, che supera ogni sintesi che esso stesso pone.

«Nullum est quaesitum naturale aut divinum in quo Aristoteles et Plato sensu et re non conveniant, quamvis verbis dissentire videantur.... non debent discordare Thomistae et Scotistae, si recte suorum doctorum fundamenta introspiciunt.... Fundamentaliter et radicaliter concordant Thomas, Scotus et Aegidius, quamvis in ramis et verborum superficie quilibet eorum a quolibet dissentire plurimum videatur.... Re et fundamentaliter non discordant Averrois et Avicenna, licet superficie tenus et in verbis eorum oppositum appareat». Così nelle *Conclusiones*; non diversamente e con maggior efficacia nell'*Oratio*. Ma l'opera non finì mai; rimase tra quelle incompiute di cui parlerà Ficino nell'epistola citata a Germano di Ganai.[23] Di essa tuttavia doveva aver già steso il disegno, se in una delle note del *De ente et uno* troviamo un rimando alla quinta decade della *Concordia* (*Quinta decas Concordiae Platonis et Aristotelis*). Il nipote, nella *Vita*, ci espone il piano dell'opera che conviene riferire : «Inter haec potissimum Platonis et Aristotelis numerabatur concordia, quam iam coeptam brevi perfecturus erat si vita comes paucis adhuc annis superfuisset. Ita enim philosophiam ab incunabulis lactando nutriverat et ad usque nostra tempora perduxerat adultam, ut nostrae tempestatis philosopho nihil amplius aut in graecis aut in latinis aut in barbaris codicibus desiderandum esset; citasset udum Thaletem, ignitum Heraclitum, circumfusumque atomis Democritum; Orpheus item et Pythagoras priscique alii eius ope et gratia in Academiam convenissent. Postremo philosophiae princeps Plato scilicet fabularum velamentis mathematicisque involucris constipatus et Aristoteles vallatus motibus dextera data fidem futurae amicitiae sanxissent. Inter Averroim quoque et Avicennam, inter Thomam et Scotum, qui iam diu conflictaverant, si non pacem in universum, in multis tamen impetrasset inducias, quando in eorum pluribus controversiis si quispiam dissidentia verba rimetur attentius et exactius libret, scrupolosiusque vestigans cutem deferens introrsum ad imas latebras profun- daque penetralia mente pervadat, unionem sensuum in disseparatis pugnantibusque verbis citra ambiguitatem comperiet. Neotericorum turba partim pro meritis partim pro culpis et honorata fuisset et taxata. Totus igitur Deo dicatus, Ecclesiam quibus poterat armis defendebat atque latitantem, ut aiunt, e Democriti puteo veritatem educebat et ignorantiae gramen inexpugnabile, quo multorum mentes praefocantur, subnascentésque pernitiosas herbas abrumpebat penitus et detruncabat ». Come si vede, una storia del pensiero che mettesse in luce l'esistenza di una *perenne filosofia*, e, insieme, la difesa e l'esposizione di questa eterna verità. Un saggio di questo lavoro è il *De ente et uno*, dedicato ad Angelo Poliziano, in cui brevemente — *de his fusius in ipsa quam adhuc parturio Platonis Aristoteli sque concordia sum scripturus* — si discute una singola questione, ma di importanza centrale. Sull'ente, l'essenza e l'uno, il Pico aveva discusso alcuni anni prima, nell' 86, a Perugia, con Elia del Medigo, che aveva poi esposto l'insieme delle dispute in uno dei suoi opuscoli.[24] Ma si era trattato allora di una discussione di andamento scolastico, tutta preoccupata del problema proprio del pensiero arabo, degli intermediari cioè fra Dio e la realtà. Nell'opuscolo del 91, invece, Pico affrontava il problema con una maturità nuova : quale è il rapporto fra l'unità divina e la molteplicità del reale ? La discussione nata sui commenti del Poliziano ad Aristotele, aveva visto da un lato Lorenzo, sostenitore delle tesi ficiniane, dall'altro Poliziano difensore del Pico.[25] Che, impostato il problema sul piano storico, aveva cominciato col criticare l'interpretazione del Parmenide platonico data da Plotino e Proclo e ripresa dal Ficino, per finire in un esaltazione della *teologia mistica* dello Ps. Dionigi.[26] Il Ficino non gradì l'opposizione del Pico : «utinam mirandus ille iuvenis disputationes discursionesque superiores diligenter consideravisset — scrive nel suo commento al Parmenide (cap. 49) — antequam tam confidenter tangeret praeceptorem ac tam secure contra Platonicorum omnium sententiam divulgaret et divinum Parmenidem simpliciter esse logicum et Platonem una cum Aristotele ipsum cum ente unum et bonum adaequavisse».[27]

Ma più vivace fu la polemica col medico e filosofo Antonio Cittadini da Faenza, che il Pico stesso in una sua lettera a Niccolò Leoniceno chiama *gravissimus philosophus*, che Ficino lodava per i suoi versi e soprattutto per le sue simpatie verso il platonismo, benché Aristotelico. «Perge, precor, Antoni miles strenue, antiquam Academiam resurgentem, ut iampridem facis, totis viribus adiuva. Peripateticus miles, immo dux, Platonicos feliciter adiuvabis. Deus ipse pro religiosa Philosophia, pro pietate pugnabit».[28] Forse era questo atteggiamento che aveva suscitato il disdegno del Vernia; disdegno che il Pico non manca di ricordare : «sed, ne imitari me credas Nicoletum qui scribenti tibi adversus eum nihil respondere dignatus est, adnotabo....»[29].

Antonio da Faenza, piuttosto acidamente, comincia col dire che il libretto del Pico non tratta neppure dell'argomento indicato nel titolo, mentre nelle cose che discute forza a tal punto gli autori, da parere che menta. Pico rispose ringraziandolo molto delle osservazioni, ma respingendole. Oziosa quella sul titolo; quanto all'identificazione che i Platonici avrebbero fatto delle idee con Dio, il Pico, dopo aver replicato, soggiunge : «rudimenta haec et quasi incunabula sunt illius doctrinae». Il Faentino nella seconda lettera riprende le sue osservazioni ripetendole, accentuando l'appello a San Tommaso e chiudendo con una battuta ironica : «Rogo igitur obsecroque ut, eo amore quo Angelo tuo Politiano, viro nostrae aetatis doctissimo, platonici dogmatis veritatem aperire conatus es, nobis quoque eodem zelo nodos ac syrpos nostrae imbecillitatis exsolvas. Ego quidem plurimis lectionibus et medicandi officio interim sum implicitus; tu vero, qui totus contemplationi vacas et per gradus IV in profundam Dei caliginem niti potes, nullo vel paucissimo labore e tenebris lucem vindicabis».

La risposta del Pico, tutta imperniata nella dimostrazione della differenza in Dio fra l'esistere e la sua essenza, differenza che permette l'affermazione che Dio, che è, è anche *superens*; diventa, insieme, quasi insolente nei riguardi dell'avversario. Egli non solo non ha letto i platonici, ma, data la sua ignoranza di greco, neppure gli aristotelici. Insiste a citargli Temistio come sommo platonico, sol perché vuol far vedere che ha letto la versione del Barbaro. Cita Simplicio, ma è evidente che non l'ha mai neppur visto.

Alla terza lettera di osservazioni Pico non fece un'ordinata risposta. Ci restano degli appunti marginali, che sono spesso delle insolenze : «Insulsum; insulsa argumentatio; ridicula; quod quaeritur ridicule non solvitur, licet multa quaerantur ridicule, quae ridicule solvuntur, cum scilicet solvuntur ne ideo, non soluta videantur, quia solvi non possint.... Hoc est verum, nimis amas aurum, compater, qui tantum illi tribuas, ut credas eum esse posse etiam si Deus non sit....»[30].

Dopo la morte dello zio, Gian Francesco si addossò il compito di conchiudere la polemica cominciata nel 91 con una lunga lettera apolegetica, interessante soprattutto per le notizie iniziali sullo stato delle carte del Pico e sulle sue abitudini nello scrivere. Con una breve lettera del Cittadini e una risposta di Gian Francesco, fra il dicembre del 95 e il gennaio del 96, si componeva cordialmente la disputa già così vivace. Al vigore della prosa pichiana si sostituivano i complimenti d'uso fra letterati.

E. Garin

---

[1] Leon Dorez, *Lettres inédites* etc., in «Giornale Storico Lett. It.», XXV, 895. P- 358.

[2] Cfr. il Catal. degli incunab. del British Museum, IV, 107.

[3] L. Dorez, *loc. cit.,* pp. 356-58.

[4] «Illud mirifice me delectat, quod Picum nostrum, eruditionis tantae virum quantam tam tenera aetas nec sapere nec ferre potest, incredibili studio prosequaris adeo ut, quemadmodum ille maior fere quam sit effici non potest, ita tu hominem plus amare qum facis nequeas. Quod vero noningentas eum quaestiones proposuisse scribis, ad quas in publico doctissimorum hominum consessu respondere paratus sit, non quidem achademicorum peripateticorumve, sed Gorgiae Leontini precellentis doctrina viri exemplo, ut non miror, ita certe laudo quominus non eruditione sola et conscientia litte-rarum contentos esse deceat. Cum nihil sit ambitiosa et plausum captante sapientia stolidius, sit hoc non ad aucupandum populares auras, sedad excitandos aliorum animos agatur. Id quod ego saepe feci et facio cum meis et intra domesticas parietes, Ciceronem secutus, nihil est quamobrem repre-hendi posse putem. Sed quid si ad famam quoque ingenii quaerendam publicitus aliqua propones de quibus disputes ? Numquid hoc quasi ambitiosum et turgidum vitio dari potest ? Et

hercule si valitudinem, si vires, si colorem, si pecuniam, et cetera quae sunt extra, quaerere vel optare crimen non est, cur sit honores ? utique si referas quo referri debent et per eas artes petan-tur, per quas petere oportet.

Quaeras tamen unde peripateticis et achademicis hoc disputandi genus alienum esse videatur : quia hoc nec tamquam philosophi nec tamquam dialectici faciant qui faciant.; propterea quod philosophi non quid quisque vel respondeat vel sentiat, sed ipsam, ut inquit Aristoteles, veritatem rerum spectant; dialecticorum vero munus auctor idem est, contradicendi esse, non respondendi, extra quam per accidens.... (Pici) loculentissimam, ut tu iure presagiris, orationem si miseris ad nos, cum primum ad te perve-nerit, accessio magna fiet et amoris et pietatis in me tuae....». In L. Dorez et L. Thuasne, *Pie de la Mirandole en France,* Paris, 1897, pp. 109-111 (dal Vat. Capp. 235).

[5] Cosi la Bolla di condanna.

[6] Cfr. Cat. ine. British Museum, VI, 871. Mi sono servito dell'esemplare dell'Estense. Il Papa aveva accolto la diceria sparsasi in Roma della stampa clandestina dell'*Apologia*: «Quando sentissi o avessi sentito quello che lui dice, non arebbe facto imprimere con le sue antidate in una grotta a Napoli questa sua *Apologia,* come e' fe.... . Cosi il Lanfredini riferendo a Lorenzo le parole di Innocenzo VIII (D. Berti, *Intorno a Giovanni Pico della Mirandola,* in «Riv. Contemporanea», 1859, p. 54).

[7] E questo Innocenzo VIII non gli perdonò mai: «Intendendo lui, che e' se n' haveva a fare una bolla, fece quella *Apologia* dipoi in difesa di quello che egli aveva scripto, che non mostra cedessi ad quelle conclusioni che s'eron facte, benché non fussino poste in bolla et publicate, come si fe' poi, quando s' intese di questa *Apologia* facta con antidata, et in quella grotta stampata» (Berti, *loc. cit.*). Il che, come altrove si è cercato di mostrare, non è del tutto esatto.

[8] Non senza la solita ironia. « Horrendum enim istis patribus videtur hoc nomen et ex ipso pene sono timendum, ita ut forte sint ex ipsis qui cabalistas, non homines, sed hircocervos potius vel centaurum vel omnino monstruosum aliquid esse suspicentur. Quin immo audi rem ridiculam ! Cum semel quidam ex eis interrogaretur quid esset ista Cabala, respondit ille fuisse perfidum quendam hominem et diabolicum, qui dictus est Cabala, et hunc multa contra Christum scripsisse. Inde sequaces eius dicti Cabalisti.

Quis, quaeso, hic risum teneat ?».

[9] Come risulta dal Breve pubblicato dal Dorez, *op. cit.,* pp. 144 e sgg.

[10] E risulta non solo dalle parole del Pico, ma dai dispacci degli ambasciatori estensi. Cfr. A. Cappelli, *Lettere di Lorenzo dei Medici* ecc., in «Atti e Memorie Prov. Parmensi», I, 1863, p. 298 (in data 25 dicembre da Firenze).

[11] Nell'epistolario pichiano si trovano, nel solito disordine, tre lettere al Ficino tutte anteriori all' 87 e senza data (e sono la XI, XX e XXX). Di queste la prima è evidentemente la XXX, che riferirei con ogni probabilità alla fine del 1482. In essa, infatti, Pico annunzia a Ficino che dopo aver lavorato per tre anni su Aristotele, gli unisce ora Platone ; si rivolge così a Ficino come a guida ideale domandandogli la *Theologica Platonica.* È evidente risposta a questa l'ep. esortatoria ficiniana del lib. VII (858, 1), che sta fra una lettera del 20 settembre e un biglietto del 22 die. 1482 e che in un cod. ha la data del 15 dicembre 1482. Segue la XI, in cui chiede in prestito a Ficino Giamblico; Ficino risponde (lib. Vili, 869, 2) osservando che non può darglielo. E la lettera ficiniana è con ogni probabilità dell' 85. Segue la XX da Fratta, quindi alla fine dell' 86, in cui risponde a Ficino che gli aveva richiesto Maometto (879, 2) e gli annuncia di avere comprato dei codd. preziosissimi. La lettera del Ficino nei mss. è datata (8 settembre i486) e reca un accenno interessante alle tesi. «Verum quid non mortalia pectore cogis ? Hoc ipsum ego Mithridate isthoc presente una cum Petro Leone conquestus sum, non ingenium tuum accusans, sed vel cilpidinem potius tuam vel fortunam meam, cui fortuna Mithridatis anteponebam » (Bandini, *Cat. cod. lat.,* III, 578 sgg. ; Kristeller, *Suppi. Ficin.,* I, 34-35).

[12] FICINI *Opera,* I, 885 : «Robertus Salviatus noster nunciat mihi, dum publicae lectioni ardenter incumberem, te sospitem pervenisse Bononiam. Gratulor equidem te factum nobis viciniorem, gaudeo te ex iniquiorum manibus incolumen evasisse».

[13] FICINO, *Opera,* I, 880 : «O res miras, o rem incredibilem, apud eos qui reminiscentiae non meminerint. Legimus quae misisti nonigenta problemata, singula (quod est mirabilius) singularia. Liceat ergo mihi unicum praeter haec palam proponere defendendum : cognitionem scilicet, quae scientia dicitur, esse reminiscentiam. Hoc equidem non his tamen noningentis afferam argumentis, sed toto prorsus tuo ingenio comprobabo. Tot enim et tanta, tam recte, tam facile, praestare in aetate tam tenera, reminiscentis est potius quam discentis. In memoria igitur aeterna erit amicus». Quanto poi alla lettera del fol. 884 essa allude a un

incidente che ci sfugge; Salviati aveva ricevuto una lettera dal Pico, in cui questi si discolpava a proposito dell'arresto di alcuni dei suoi, che avevano offeso il Papa: era probabilmente uno degli incidenti del burrascoso periodo romano.

[14] FICINI *Opera,* I, 888-89 (tr. Figliucci, Venezia, 1547, II, c. i2or). Ed ecco l'elenco   di tutte le epistole del Ficino al Pico : fol. 858, 1; 869, 2; 879, 2; 880, 3; 885, 1; 886, 3; 888, 2; 889, 1; 889, 4; 890, 1; 900, 3; 901, 1 ; 930, 1; 932, 1; e i luoghi dell'epistolario dove è ricordato: fol. 873,; 889, 3; 890, 2; 891, 2; 893, 2; 895, 1; 897; 900, 1; 902, 2; 906, 3; 907, 2 ; 925 ; 949, 1 ; 958, 1.

Cfr. *Supplementum Ficinianum,* II, pp. 270 e segg.

Nell'epistolario del Ficino (889, 3), è inclusa una lettera, che non si trova fra quelle del Pico, e che qui riproduco.

Joannes Picus Mirandulanus Marsilio Ficino Philosopho Platonico s. d.

Salve, pater Platonicae familiae. Jam extra omnem controversiam et noxium atque infaustum esse Saturni sidus et te, mi Ficine, et si tuo fortasse bono, meo certe malo Saturninum esse natum. Ut enim ille est plurimum regradarius, sic et tu quoque simili praeditus ingenio iam bis ad me veniens, regradarius factus bis retro retulisti pedem, et quod est maius, occumbente Sole, ne te Phoebi iubar dicas esse reveritum. Sed dic, amabo, quid fuit in causa iteratae retrocessionis ? An tuus Saturnus, an potius saturi nos ? quicquid illud fuit, quod te mihi, idest me mihi abstulit, fac, quaeso, in posterum ut non seiungat nos qui nos olim coniunxit, nec te unquam credas ad me saturum accessurum, qui te solatium meae vitae, meae mentis delicias, institutorem morum, disciplinae magistrum, et esurio semper et sitio. Vale et veni, ut tuus Saturnus, idest tuus saturus vouq me quoque saturum reddat. Vale iterum, immo iam adveniens salve». È senza data, ma è facile ricavare dalla risposta che siamo fra il giugno e il luglio dell'88.

[15] Lorenzo dei Medici a G. Lanfredini, 13 giugno 1489, in Fabroni, *Laurentii Medicis Magnifici Vita,* Pisis, 1784, II, p. 291. Per i tentativi di conciliazione con la Chiesa cfr. l'op. cit. del Berti.

[16] «Differt autem.... instans ratio et urgens novi operis quod habeo in manibus hortatu Laurentii Medicis, in quo Davidicos hymnos non solum illumino longiori interpretamento, sed quoniam quos Ecclesia decantat, hi a LXX versi sunt interpretibus eamque translationem plus quam sexcentis locis uti parum fidelem Hebraei coarguunt, ego proprietati innixus hebraicae et chaldaicae literaturae cum et sensuum integritati illos ab omni Iudaeorum

calumnia affero et defendo».

[17] Cfr. *Il Salmo XLVII di David commentato dal Conte Giovanni Pico della Mirandola tolto da un cod. dell'Estense e messo in luce dal Sac.* FELICE CERETTI, Milano, 1895, estr. da « La scuola Cattolica e la Scienza italiana », 1895. È il ms. Campori F 6 21, dal Ceretti pubblicato piuttosto scorrettamente. Cfr. anche E. GARIN, *Il commento ai Salmi di G. Pico della Mirandola (Frammenti inediti),* in « Giornale Critico Filos. Ital. », 1937, PP- 165-72 e *Noterelle di filosofia del Rinascimento* in «La Rinascita», 1941, pp. 415-17, ove sono estratti dal ms. bibl. Ariostea di Ferrara, cl. II, n. 161.

[18] *Expositio allegorica Ps. XI,* cc. 16-20.

[19] La lettera del Barbaro è del settembre (Venetiis, pridie nonas septembris 1489), dell'ottobre quella di Cassandra Fedele (Venetiis, X kal. oct. 1489). Gran parte di queste lettere sono a stampa nell'epistolario pichiano, lib. II; le altre nel cod. Vat. Cappon. 235 (cfr. G. SALVO COZZO, *I Codd. Capponiani della Biblioteca Vat. descritti,* Roma, 1899. Nel ms. Naz. II, IX, 39 (fol. 25-29) è conservato «Nicolai Serathici Mediolanensis in Comitem Joannem Picum Mirandulanum panagiricum», con una lettera al Salviati (Fior. Kal. Maii 1488), che fin dal ritorno di Francia si era strettamente legato al Pico.

[20] *Cat. Inc. Brit. Museum,* VI, 662-63.

[21] Cfr. poi nell' *Heptalogos, sive Septem Sapientes* del Beroaldo talune reminiscenze del Pico. Philippi Beroaldi *Varia opuscula,* Basileae, 1509, fol. XCVIIIr. Ma l'opera che più direttamente ne derivò è il *De harmonia mundi* di Francesco Giorgio Veneto, il maestro di quell'Arcangelo da Borgonuovo che commentò le tesi cabalistiche del Pico (cfr. E. Garin, *Noterelle di filosofia del 400,* in «La Rinascita», 1941, pp. 409-21).

[22] FABRONI, *op. cit.,* II, pp. 392-93. Innocenzo VIII era molto ostile al Pico, « o cieco o falso che sia », come scriveva il Lanfredini a Lorenzo. «È altra cosa — diceva all'ambasciatore fiorentino — che gratificare Lorenzo del figliuolo.... ingannisi chi vuole, io mi ingegnerò di non ingannarmi io, e guardi Lorenzo a non si lasciar suadere quelle eresie.... questo caso importa a me solo, perchè nissuna cosa è più contro tutti i Pontefici che le cose della fede, e maxime la eresia....» (in BERTI, *op. cit.,* pp. 53-56).

[23] A Battista Spagnuoli da Mantova, il 20 marzo 1491 scrive: «Concordiam Platonis et Aristotelis assidue molior; do illi quotidie iustum matutinum; post meridianas horas amicis, valitudini, interdum poetis et oratoribus et si qua sunt studia operae levioris;

noctem sibi cum somno sacrae litterae partiuntur». Ficino a Germano di Ganai, il 23 marzo 1495: «Moliebatur quotidie tria: concordiam Aristotelis cum Platone, enarrationes in eloquia sacra, confutationes astrologorum».

[24] «Cum essem Perusii cum doctissimo Comite Magnifico Domino Joanne Mirandulano Philosopho clarissimo, multa de esse et essentia et uno diximus. Quia tamen positio Commentatoris circa hoc quoque modo occulta est, nullibi complete posita, ideo haec pauca aggregavi magis declarando quam disputando, et maxime cum bene dispositis tantum loquendum est de his». HELIAE HEBRAEI CRETENSIS *Quaestio de ente et essentia et imo,* Venetiis, 1546, I42r (in app. a JOANNES DE JANDUNO, *Super octo libros Aristotelis de. phys. auditu.... quaest.).*

L'opuscolo esamina minutamente l'antitesi fra Averroè ed Avicenna e ad esso allude probabilmente Pico nel *De Ente et Uno,* quando dice di lasciar da parte le sottili discussioni in proposito.

[25] Ecco la lettera di ringraziamento del Poliziano per la dedica dell'opuscolo: «Arsi bene semper nimis, improbe forsitan, sed arsi tamen semper studio famae perpetuae, sic ut pro nihilo divitias, dignitatem, potentiam, voluptates habuerim, si cum superstite gloria conferrentur; sed quoniam quae scribebam, vix etiam vetustatem nominis pollicebantur, extitisti tu, Pice, qui, quod ego mihi non poteram, praestiteris, dedicato commentario *de uno et ente* (sic enim titulum facis), in quo rivos per Lyceum decurrentes et Academiam revocas ad verum caput, et cum philosophia magis una quam gemina nostram quoque theologiam copulas. Quid igitur iam Glauci gramen requiram victuris aeternum per te, sed et tecum ? Narrabit autem quandoque posteritas fuisse olim Politianum quendam, quem tanti fecerit ipse quoque Picus, omnium doctrinarum lux, ut librum quidem nuncupare illi pulcherrimum de rebus altissimis non dubitaverit. Age itaque tibi gratias pro immortalitate, sed immortales. Vale» (POLITIANI *Opera,* I, pp. 372-73).

[26] Cfr. quanto (*Ep.* I, 6) Pico scriveva il giorno 11 febbraio del 91 a Aldo Manuzio: «Accinge ad philosophiam, sed hac lege, ut memineris nullam esse philosophiam, quae a mysteriorum veritate nos avocet. Philosophia veritatem quaerit, theologia invenit, religio possidet».

[27] FICINI *Opera,* vol. II, fol. 1137.

[28] FICINI *Opera,* I, fol. 900, 904. Cfr. FABRONI, *Hist. Acad. Pis.,* Pisis, 297 sgg., che narra diffusamente dei grandi successi del Faventino nell' insegnamento a Pisa e a Parigi. Cfr. G. M.

VALGIMIGLI, *Cenni storici su Antonio Cittadini, medico e storico Faentino,* in «Atti e Memorie R. Dep. storia patria per le prov. dell'Emilia», N.S., voi. Ili, pt. 2.

[29] *Respons. ad tertias obiect.*

[30] Le edizioni di Basilea hanno tolto dal margine le note, presentandole come una risposta filata e continua.

L'ESSERE E L'UNO

(DE ENTE ET UNO)

Ad Angelo Poliziano.

Proemio.

Mi narravi, giorni fa, la discussione che sull'ente e sull'uno aveva avuto con te Lorenzo dei Medici, fondandosi sugli argomenti dei Platonici contro Aristotele, di cui tu quest' anno commenti pubblicamente l'*Etica*. In Lorenzo, uomo di ingegno così forte e versatile che sembra adatto a tutto, io ammiro soprattutto che, pur essendo di continuo occupatissimo nelle faccende dello Stato, sempre o discorre o riflette su qualche questione culturale.

Ma poiché coloro che ritengano che Aristotele dissente da Platone, dissentono anche da me che sostengo la concordia dei due filosofi, mi domandavi in che modo su tale argomento si potesse difendere Aristotele e metterlo d'accordo col maestro Platone. Ti dissi quello che allora mi venne in mente, confermando ciò che tu avevi risposto a Lorenzo nella discussione, piuttosto che recando qualcosa di nuovo. Ma non ti è bastato. Mi domandi ora che, pur dovendo scrivere più largamente sulla questione in quella *Concordia di Platone ed Aristotele* che vo preparando, tuttavia ti restringa in un breve compendio quel che allora dissi in tua presenza su questo argomento, essendo con noi anche Domenico Benivienni a entrambi carissimo per dottrina e probità. Ed io che mai ti posso rifiutare ? E soprattutto in una questione dottrinale, all'amico quasi direi indivisibile ? Mi sia per altro concesso da te, rivendicatore di un linguaggio più elegante, l'uso di qualche termine non del tutto latino, reso necessario tuttavia dalla novità stessa dell'argomento; e non pretendere le raffinatezze di uno stile particolarmente ricercato. Come dice infatti Manilio,[1] è la materia stessa che non vuol essere ornata, ma solo insegnata. Se ben mi ricordo, ecco dunque le cose di cui discorremmo.

Capitolo primo.
In cui espone le ragioni con cui i Platonici vogliono sostenere la superiorità dell'uno sull'ente.

In molti luoghi Aristotele dice che si corrispondono ed hanno uguale estensione l'ente e l'uno[2] (e così pure il bene, di cui però tratteremo dopo). L'Accademia si oppone e sostiene la priorità dell'uno rispetto all'ente, e quando parlano di priorità vogliono dire che l'uno è più semplice e più comune. Perciò Dio — la cui semplicità è somma — dicono che è bensì Uno, ma non Ente, mentre pongono ugualmente nell'ambito dell'unità la materia prima, rozza e informe, che tuttavia, secondo loro, è fuori dei limiti dell'essere. Soggiungono che non è lo stesso il contrario dell'uno e quello dell'ente, ché all'ente si oppone il nulla e all'uno il molteplice; dunque allo stesso modo che hanno due diversi opposti, l'ente e l'uno non si convertono né si corrispondono a vicenda.

Capitolo secondo.

In cui cerca dove Platone abbia parlato dell'ente o dell'uno e mostra che le sue parole appoggiano piuttosto l'opinione di chi ne sostiene l'eguaglianza, che non quella di chi vuole che l'uno sia superiore all'ente.

Queste le ragioni su cui si fondano; ma prima di confutarle non sarà fuori posto riferire ciò che Platone esplicitamente dice sull'argomento. In due luoghi trovo che egli discute dell'ente e dell'uno, e cioè nel *Parmenide*[3] e nel Sofista. Gli Accademici sostengono che in entrambi Platone pone l'uno sopra l'ente.

A proposito del *Parmenide* opporrò innanzitutto questo : che in tutto quel dialogo nulla Platone afferma di positivo e, se qualcosa anche affermasse, non vi si trova nulla di esplicito onde attribuirgli una tesi del genere. Senza dubbio il libro non è da porsi fra i costruttivi, null'altro essendo se non un'esercitazione dialettica. E le parole del dialogo sono così lungi dal contrastare con questa nostra asserzione, che non si trovano commenti più arbitrari e più alieni dal testo di quelli di chi volle attribuire al *Parmenide* un senso diverso. Ma, lasciati tutti gli interpreti, esaminiamo il procedimento del dialogo, come cominci, dove tenda, cosa prometta, cosa mantenga.

La cosa sta così. Dalla discussione se ciò che è sia

uno o molteplice, essendosi Socrate volto alle idee e avendolo su di esse Parmenide a lungo interrogato,[4] risponde questi che gli piace quell'impeto e quella tendenza a definire le realtà supreme: «Tuttavia — soggiunge — raccogliti e, finché sei giovane, se non vuoi che la verità ti sfugga, esercitati con maggior diligenza in quell'arte che a molti sembra inutile, sì che la chiamano un vano chiacchierare». Tutti concordano, secondo quello che mostrano anche le parole seguenti, che egli intendeva con ciò la dialettica. Dopo di che, chiedendo Socrate a Parmenide «qual è, o Parmenide, questo esercizio ?», egli risponde esser quello che aveva udito prima da Zenone. Quindi, dandone insegnamenti più precisi, lo esorta a considerare con acume e diligenza, non solo quello che consegua se una cosa sia, ma anche quello che derivi se non sia e, quindi, che capiti a quella cosa stessa che diciamo essere o non essere, rispetto a sé e rispetto alle altre cose, e che alle altre rispetto a sé medesime e a quella da noi posta. E avendo Parmenide parlato ancora molto su ciò, Socrate osserva : «Difficile è l'opera che proponi e non ti capisco bene. Ma perché non proponi una tesi e non la esamini con cotesto tuo metodo, sì che me ne sia più chiaro l'intendimento ?». Risponde Parmenide che è impresa faticosa per un vecchio come lui, e infine Zenone soggiunge che Parmenide può farlo quando si trovi fra pochi «altrimenti — afferma — è poco decoroso che un vecchio tratti problemi simili davanti alla gente, poiché tutti sanno che tale trattazione e divagazione è necessaria a raggiungere il vero».[5]

Le parole di Zenone confermano in pieno quanto abbiamo detto. Quel che Parmenide sta per trattare —

se dobbiamo credere a Zenone — è di natura tale che un vecchio non può discuterne apertamente in pubblico. Ma se, come sostengono costoro, avesse discusso degli ordini divini, del primo principio di tutte le cose, quale argomento sarebbe stato più conveniente a un vecchio, di quale meno doveva vergognarsi? Ma è fuori dubbio, se non vorremo ingannare noi stessi, che l'argomento di cui stava per trattare Parmenide era dialettico, né altro gli aveva chiesto Socrate, e Zenone l'aveva ritenuto compito piuttosto di giovane che di vecchio. E se non crediamo neppure a tali testimonianze, scorriamo il dialogo medesimo e troveremo che in nessun luogo si afferma qualcosa, ma dovunque ci si chiede solo che seguirà, se una cosa è, e che, se non è[6]. Gli Accademici, tuttavia, hanno tratto il motivo per la loro tesi sull'essere e sull'uno dal fatto che nella prima posizione Platone si esercita in questo problema, che mai consegua, se tutte le cose siano un'unità; e risponde che quell'uno, che è, sarà indivisibile, infinito, fuori dello spazio, soggiungendo anche, dopo avere enunciato molti altri attributi del genere, che quell'uno non sarà ente.[7]

Considera tuttavia, anche ammesso che ciò non sia un esercizio dialettico, ma contenga una tesi sull'essere e sull'uno, quanta sia la differenza fra l'asserire che l'uno è superiore all'essere e l'affermare che, se tutto è uno, quell'uno non sarà ente.

E del *Parmenide* basti.

Nel *Sofista* poi sembra parlare piuttosto nel senso dell'eguaglianza dell'uno e dell'essere, che non della superiorità dell'uno sull'essere. Dove affermi questa io infatti non trovo, mentre quella egli sostiene in più luoghi e, fra l'altro, con queste parole : «Infatti così considerando è necessario che tu ammetta che colui che dice qualcosa, dice una qualche unità», e subito : «colui invece che non dice qualcosa, di necessità non dice neppure una cosa, quindi non dice nulla».[8]

Così Platone. Eguali sono dunque per lui, anzi la medesima cosa, il non-uno e il non-essere; eguali anche l'uno e il qualche cosa. Dopo di che prova del pari che il non essere non può essere uno e conclude così : «l'essere non conviene al non essere; quindi l'uno non conviene al non essere».[9] Dice dell'uno quello che aveva affermato sopra, che è uguale all'essere qualcosa. Pone dunque esplicitamente che per lui l'uno è l'essere.

Ma sia pure. Concediamo che Platone abbia affermato una cosa che senza dubbio non ha sostenuto mai. Esaminiamo perciò in che senso la si è potuta dire con verità, ponendo innanzitutto in questo modo le basi della tesi aristotelica.

Capitolo terzo.
In cui dichiara come Aristotele intenda l'ente quando lo pone uguale all'uno e abbracciante in sé tutto.

Questo termine ente, su cui si discute se sia uguale all'uno, può intendersi in due modi. Nel primo, quando diciamo ente, intendiamo tutto quello che è diverso dal niente; e di tal modo fece uso Aristotele quando lo pose uguale all'uno. Né senza ragione volse a tal senso l'espressione; infatti, come suol dirsi, noi dobbiamo sentire come pochi, ma parlare come i più. Sentiamo infatti e pensiamo per noi; parliamo invece per gli altri, e cioè per la moltitudine, e quindi parliamo per esser capiti. Ora il volgo e in genere i più intendono in questo senso l'ente, che cioè si chiami ente tutto quello cui non manchi l'essere e che non possa dirsi in verità niente. Ma anche coloro che sono stati ritenuti i più sapienti, proprio fra quelli che sostengono la tesi contraria, noi troviamo che si sono ugualmente serviti di tal termine. Così Parmenide pitagorico, quando disse che è uno quello che è, intese Dio, se dobbiamo credere a Simplicio ed agli altri molti, i quali vogliono difendere Parmenide contro chi l'accusa di aver sostenuto che tutto è uno.[10] Rispondono infatti a una voce, che Parmenide non ha mai creduto che nelle cose non vi sia la divisione, la moltitudine, la pluralità, che egli stesso apertamente accetta in altri luoghi dei suoi poemi ; ma quando ha detto che è uno quello che è, ha inteso ciò cui veramente si addice l'appellativo di essere, e che è veramente il solo essere uno, cioè Dio. Per questo, se crediamo a Parmenide e ai suoi difensori anche platonici, l'uno non può essere sopra l'ente, a meno che non sia sopra Dio, e Parmenide è tanto lungi dal negare che Dio sia ente, che anzi concede solo a Dio la vera denominazione di essere. Ci si svela così la soluzione della prima argomentazione dei Platonici. Ed anche Dionigi Areopagita, che i nostri avversari fanno fautore della loro tesi, non negherà che presso Mosè Dio dice : «Io sono colui che sono» o, secondo il testo greco,[11] «io sono l'essere». Che anzi dicendo così appunto, che all'ente nulla si oppone se non il non-ente, come la molteplicità all'uno, concederanno necessariamente che quel che non è essere è nulla, ossia non-essere, così come quel che non è uno è molteplice, ossia moltitudine. Ora, se mantengono la stessa regola, bisogna che confessino che Dio o è nulla (e da una cosa del genere rifuggono già le orecchie) o è essere.

In questo modo a proposito dell'ente abbiamo

stabilito quel primo assioma e universale premessa, che
di ogni cosa si deve necessariamente dire che essa o è o
non è, mentre di nessuna è possibile affermare o
pensare l'uno e l'altro. Siccome dunque oltre il tutto
nulla vi è, tranne il nulla, se l'essere così inteso ha
escluso da sé solo il niente, è senza, dubbio necessario
che l'essere abbracci il tutto. Quindi l'uno non può
abbracciare qualcosa di più, a meno che non abbracci lo
stesso nulla, il che Platone nega nel *Sofista*, quando dice
che il non-essere ossia il niente, non può dirsi uno. E se
l'ente non comprende meno cose, come essi vogliono,
sono dunque uguali l'ente e l'uno.

Capitolo quarto.
Si mostra in che modo si possa dire che qualcosa è
superiore all'ente.

Abbiamo spiegato l'uno dei due modi nei quali abbiam
detto che può intendersi l'ente. E coloro che lo
adoperano in tal modo, e possono farlo rettamente,
affermano con piena verità che nulla c'è di più ampio
di esso. Resta da spiegare l'altro, secondo il quale
risulterà chiaro che si può tuttavia dire giustamente
che c'è qualcosa che può venir collocato oltre
l'eminenza dell'ente.

Dei nomi alcuni sono concreti, altri astratti. Sono
concreti, (oggetto) caldo, luminoso, candido, uomo.
Sono astratti calore, luce, bianchezza, umanità. E la loro
proprietà e differenza sta in questo, che quel che si dice
astratto indica ciò che è quel che è per sé e non per
altro, mentre il concreto significa al contrario ciò che
non è quel che è per sé, ma per altro. Così, ciò che è
luminoso risplende a causa della luce, il bianco è

bianco per il biancore, e l'uomo è uomo per l'umanità. Ma poiché niente partecipa di se stesso e una medesima cosa non può avere lo stesso carattere per sé e per partecipazione da altro, consegue che l'astratto non può esser denominato dal concreto. Perciò non può dirsi in modo proprio «la bianchezza è bianca, il color nero è nero»; anzi sarà ridicolo chi dica così, non perché il biancore sia nero o freddo il calore, ma perché all'uno è così ripugnante il nero e all'altro il freddo, che tutte le cose bianche sono bianche per il primo e tutte le cose calde lo sono per la partecipazione del secondo. Perciò talune note noi le rifiutiamo a una cosa o perché non le ha — come quando diciamo che il bianco non è nero — o perché le possiede in modo più eccellente e più perfetto di quel che noi indichiamo con quella espressione — come quando diciamo che la bianchezza non è bianca, non perché sia nera, ma perché non solo non è nera perché è bianca (il che sarebbe come dire perché ha la bianchezza), ma perché è la bianchezza stessa.

E veniamo alla nostra questione. L'ente ha l'aspetto di un nome concreto; si dice infatti nello stesso modo l'essere e l'ente, il cui astratto appare questo termine di *essere*, in modo che si dice *ente* quello che è partecipe appunto dell'*essere*, come si dice lucente quel che partecipa della luce e veggente quel che ha la capacità di vedere. Se dunque consideriamo questo preciso significato dell'ente, negheremo che quell'essere appartenga non solo a ciò che non è o che è niente, ma a ciò che è a tal punto, che è lo stesso essere, che è da sé e per sé, per la cui partecipazione sono tutte le cose, a quel modo che non diremo esser caldo non solo quel che è privo di calore, ma lo stesso calore. Tale è Dio, che è la pienezza di tutto l'essere, che solo è da sé e dal quale soltanto, senza intermediari, tutte le cose vennero all'essere.

Per questa ragione, dunque, diremo veramente che Dio non è, ma è sopra a ciò che è e qualcosa di superiore all'essere, onde, avendo Dio l'appellativo di uno, confesseremo anche esser l'uno superiore all'ente.

E Dio noi chiamiamo uno, non tanto esprimendo quello che è, ma in che modo sia tutte le cose che è e in che modo siano le altre cose. «Uno infatti — dice Dionigi — si chiama Dio, perché è tutte le cose in unità», e ancora «si dice uno perché è il principio di tutto ciò che è a quel modo che l'unità è principio di tutti i numeri».[12]

Perciò se come vogliono gli Accademici — Platone nella prima posizione del Parmenide afferma che l'uno è superiore all'ente, quell'uno non sarà altro che Dio, come essi stessi confessano dicendo che lì Platone tratta[13] del primo principio di tutte le cose. Ma — osserverà qualcuno — almeno in questo Aristotele sarà discorde da Platone, che Aristotele non ha mai inteso che l'essere sia subordinato all'uno e non comprenda Dio, il che fa Platone. Chi dice questo, non ha letto Aristotele. Infatti anch'egli lo fa e molto più chiaramente di Platone. Nel libro sesto della *Metafisica* dice[14] che l'essere si divide in essere per sé e essere per accidente. Dividendosi l'essere per sé in dieci categorie, non v'è dubbio, per i buoni interpreti, che con questo essere non si intende Dio, che non è essere per accidente e non è contenuto in nessuna delle categorie in cui si distingue l'essere per sé. È ugualmente nota fra i Peripatetici la divisione per cui l'essere si distingue in sostanza e accidente; e dato ciò, intendiamo l'essere in modo che Dio sia al di sopra e non al di sotto di esso, come insegna S. Tommaso nel primo libro dei *Commenti alle Sentenze*.[15] Aggiungerò anche che alcuni Platonici si vantano a torto, come se possedessero un mistero ignoto ad Aristotele, quando dicono che due sono le denominazioni proprie di Dio, e cioè unità e bontà, e che in tal modo bene ed uno sono anteriori all'essere. Infatti, come si è mostrato che non sfugge ai Peripatetici in che modo Dio possa intendersi come superiore all'ente, possiamo dimostrare anche che fu Aristotele a dare tra i primi a Dio questi attributi, del bene cioè e dell'unità. Infatti nel libro secondo della *Metafisica*,[16] dopo aver discusso di tutto l'essere e delle menti separate, chiede infine — quasi volgendosi dopo tutto a investigare le proprietà di Dio soltanto — se, oltre il bene che è nell'universalità degli enti come in un esercito, vi sia qualche bene separato, come un capo di questo esercito; e trova che vi è. E questo bene è Dio, del quale conseguentemente nello stesso capitolo prova l'unità, adducendo a testimonianza, dopo valide ragioni, anche il detto d'Omero : «un solo capo vi sia, un solo re».[17] Dove dunque è nel falso, dove è discorde da Platone Aristotele ? Dove è profano ? Dove ha di Dio un'opinione sconveniente ?

Capitolo quinto.
Dove si mostra in che modo i Peripatetici attribuiscano a Dio molte cose che i Platonici negano ; dove si insegna in che modo si ascenda per quattro gradi a quella tenebra ove risiede Dio.

Confutiamo ora gli argomenti dei Platonici, con cui, non a quel modo che ammettiamo, ma in senso assoluto sostengono contro Aristotele che l'uno è superiore all'ente. E benché abbiamo di sopra discusso abbastanza la tesi con cui si sosteneva che Dio è unità ma non essere, mette conto tuttavia di diffonderci a mostrare perché, non solo da autori diversi come i Platonici e gli Aristotelici, ma spesso dal medesimo autore molte cose si affermino di Dio con verità e con verità si neghino.

Dio è tutto, ed è tutto in modo eminentissimo e perfettissimo. Il che non sarebbe, se non racchiudesse le perfezioni del tutto e non respingesse da sé tutto quello che v' è di imperfetto nelle cose. Possiamo distinguere in due categorie quello che nelle cose v' è di imperfetto. Nell'un caso v' è nella cosa alcunché incapace di raggiungere la perfezione nel genere di quella cosa; nell'altro, abbiamo qualcosa di perfetto nel suo genere, ma non assolutamente perfetto, perché ha solo la perfezione di un genere, mentre fuori di esso vi sono ancora molti generi in ciò non inclusi che raggiungono la perfezione. Un esempio del primo caso è la conoscenza sensibile, imperfetta non perché unicamente conoscenza e non appetizione, ma perché conoscenza imperfetta, sia in quanto ha bisogno di un organo bruto e corporeo, sia perché tocca solo l'esterno delle cose, né giunge all'intimo, cioè alla Sostanza. Ugualmente la conoscenza umana, che si dice razionale, è imperfetta, perché vaga, incerta, mobile, faticosa. Aggiungi la cognizione intellettuale delle menti divine, che i teologi chiamano angeli; anch'essa è conoscenza imperfetta, almeno in questo che cerca fuori di sé quello che in sé non possiede a pieno, e cioè la luce della verità di cui ha bisogno e che la rende perfetta. Prendi la vita; la vita delle piante, anzi quella d'ogni corpo, non è imperfetta soltanto perché è vita e non conoscenza, ma perché non è pura vita, ma piuttosto una certa vivificazione che deriva dall'anima al corpo, sempre mutevole, sempre mista alla morte, da dirsi piuttosto morte che vita.[18] Infatti, se non lo sai, cominciamo a morire quando cominciamo a vivere e la morte dura quanto la vita,[19] e solo allora cominciamo a vivere quando ci liberiamo da questo corpo di morte nella morte della carne. Ma neppure è perfetta la vita degli angeli, che tutta si annienterebbe se un vitale raggio della luce divina non la riscaldasse perennemente. E così è nel resto. Quando dunque fai Dio vivente e conoscente, bada innanzitutto che la vita e la conoscenza che gli si attribuiscono, si intendano libere da tutte queste imperfezioni. Ma non basta; resta un'altra imperfezione, di cui ecco un esempio. Concepisci una vita perfettissima, che sia cioè tutta vita e pura vita, che nulla abbia di mortale, nulla misto di morte, che non abbia bisogno di nulla di estraneo per rimanere stabile e duratura. Concepisci una conoscenza con cui si conosca in modo perfettissimo tutto e insieme; e aggiungi ancora che il conoscente conosca tutto in sé, così da non cercare al di fuori la verità, ma sia egli stesso la verità. Tuttavia e l'uno e l'altra, e tal vita e tal conoscenza, ancorché perfettissime nel loro genere e tali da non poter sussistere fuori di Dio, intese così e distinte, sono indegne di Dio. Dio infatti è perfezione totale e infinita, non tuttavia nel senso che comprenda in sé come tali tutte le varie perfezioni infinite, poiché in tal caso né lui sarebbe semplicissimo, né sarebbero infinite le cose che sono in lui; Egli sarebbe un infinito formato da molti attributi infiniti per numero, ma finiti per perfezione, il che è empio dire o pensare di Dio. Ma se la vita che è vita perfettissima, ma è solo vita e non conoscenza; se del pari l'appetizione e la volontà, che siano sì perfettissima volontà, ma solo volontà e non anche vita e conoscenza; se altre cose simili vengano così collocate in Dio, avverrà chiaramente che la vita divina avrà una perfezione finita, poiché la sua perfezione sarà quella propria della vita, e non quella della conoscenza e dell'appetizione. Togliamo dunque dalla vita non solo ciò che la fa imperfetta, ma quel che la fa vita soltanto, e così facciamo con gli altri nomi con cui chiamiamo Dio, ed allora quello che rimarrà da tutto sarà necessariamente quale vogliamo che Dio sia concepito, uno, perfettissimo, infinito, semplicissimo. E poiché la vita è un ente, e ugualmente la sapienza, e la giustizia, se tu toglierai loro la condizione della loro particolarità e delle loro determinazioni; quello che rimarrà non sarà questo o quell'ente, ma l'essere in sé, l'essere semplice, l'essere universale, non per l'universale predicabilità, ma per l'assoluta perfezione. Analogamente la sapienza è un bene, poiché è questo bene appunto che è sapienza e non quel bene che è giustizia. Togli — come dice Agostino — questo, togli quello,[20] e cioè togli questa particolare limitazione per cui la sapienza è quel bene che dicesi sapienza, per cui non è quel bene che è giustizia, per cui del pari la giustizia ha la bontà della giustizia e non quella della sapienza; e allora vedrai in enigma l'aspetto di Dio, cioè il bene assoluto, il bene semplicemente, il bene che è il bene d'ogni bene. Così la vita, come è un certo essere, è anche una certa unità; è infatti una particolare perfezione; e così la sapienza è una perfezione particolare. Togli la particolarità; rimane, non questa o quella unità, ma ciò che è assolutamente e semplicemente uno. Essendo quindi Dio, come dicevamo da principio, colui che, tolta ogni imperfezione, è tutto, quando da ogni cosa avrai tolto l'imperfezione che ognuna ha nel suo genere e la particolarità del proprio genere, quel che rimane è Dio. Dio è dunque l'essere in sé, l'uno in sé, e analogamente il bene in sé e il vero in sé.

Abbiamo già percorso due gradi nell'ascesa verso quella caligine in cui Dio risiede, togliendo dai nomi divini ogni macchia che derivi dall'imperfezione delle cose significate. Restano altri due gradi, di cui l'uno combatte l'insufficienza dei nomi, l'altro accusa la debolezza della nostra intelligenza. Questi nomi come essere, vero, uno, buono, indicano qualcosa di concreto, e quasi di partecipato, onde di nuovo diciamo che Dio è oltre l'essere, oltre il vero, oltre l'uno, oltre il buono, perché è l'essere in sé, la verità in sé, l'unità in sé, la bontà in sé. Ma siamo ancora nella luce e Dio ha posto nelle tenebre la sua dimora.[21] Non siamo dunque ancora giunti a Dio. Infatti finché quel che diciamo di Dio anche intendiamo e comprendiamo, noi diciamo che siamo nella luce, e parliamo e sentiamo cose di tanto minori di Dio, di quanto la capacità della nostra intelligenza è minore dell'infinita sua divinità.

Sollevandoci dunque al quarto grado, penetriamo la luce dell'ignoranza e, acciecati dalla tenebra del divino splendore, gridiamo col profeta : «Son venuto meno nella tua dimora, o Signore»,[22] questo solo dicendo, alla fine, di Dio, che egli è in modo incomprensibile ed ineffabile al di sopra di tutto ciò che di più perfetto noi possiamo di lui dire o pensare; collocando in modo eminentissimo Dio al di sopra di quella stessa unità che avevamo concepito, della bontà, della verità, dell'essere stesso. A questo guardando Dionigi Areopagita, dopo tutto quello che aveva scritto nella *Teologia Simbolica*, nelle *Istituzioni Teologiche*, intorno ai *Nomi divini* e alla *Teologia mistica*, finalmente al termine di quest'ultimo scritto, come chi fosse ormai nella tenebra, divina e, secondo il suo potere, parlasse di Dio in me do santissimo, così esclamò dopo alcune altre cose sull'argomento : «Non è verità, né regno, né sapienza, né uno, né unità, né divinità, né bontà, né spirito, per quello che noi possiamo sapere, né gli conviene la denominazione di padre o di figlio, né alcuna altra delle cose che a noi o a chiunque altro nel mondo sono note, né è alcuna di quelle che sono o di quelle che non sono; né le cose che sono la conoscono com' è; né conosce essa stessa le cose che sono come sono. Né della divinità v' è discorso, né nome, né scienza, né tenebre, né luce, né errore né verità, né è possibile di lei alcuna affermazione o negazione alcuna». Così, alla lettera, quell'uomo divino.[23]

Riuniamo quanto abbiamo detto e vedremo che noi, nel primo grado, impariamo che Dio non è, come vogliono gli Epicurei, corpo, né forma del corpo, come sostengono quanti affermano che Dio è anima del cielo o dell'universo, il che pensarono gli egiziani, come scrive Plutarco e il teologo romano Varrone,[24] dal' che gli uni e gli altri trassero, come mostreremo, altrove, grande incentivo all'idolatria. Ma fra i Peripatetici ve ne sono di così sciocchi da sostenere che questa è la vera opinione anche di Aristotele. Guarda quanto costoro si allontanano dalla vera conoscenza di Dio, riposandosi all'inizio come se fossero alla meta, credendosi giunti ai fastigi del Signore, quando ancora giacenti a terra non hanno fatto neppure un passo verso di lui. Così infatti Dio non sarebbe né vita perfetta, né essere perfetto, né perfetta intelligenza. Ma questa empia opinione già abbiamo del tutto confutato nella quinta decade della nostra *Concordia*.

Nel secondo grado apprendiamo quello che ben pochi raggiungono rettamente e in cui più possiamo ingannarci se deviamo anche pochissimo da un vero intendere, e cioè che Dio non è né vita, né intelletto, né intelligibile, ma qualcosa di migliore e di più eccellente di tutto questo. Infatti tutti questi nomi indicano perfezioni particolari, di cui non ve n' è alcuna in Dio. Guardando appunto a ciò Dionigi, e quindi i Platonici, negano che in Dio ci siano vita, intelletto, sapienza e simili. Ma poiché tutta la perfezione di tali attributi, che in essi è molteplice e divisa, Dio nella sua unica perfezione che è la sua infinità, la sua divinità, che è lui stesso, unisce e congiunge, non come unità di quei molti, ma come unità anteriore a quella molteplicità, perciò appunto alcuni altri filosofi e soprattutto i Peripatetici, che teologi Parigini seguono' quasi in tutto per quanto è possibile, ammettono che tutte queste cose siano in Dio. Il che dicendo e credendo, non solo crediamo e diciamo il vero, ma lo diciamo e lo crediamo anche con coloro che negano quegli attributi, solo che ci ricordiamo sempre il detto famoso di Aurelio Agostino, che la sapienza di Dio non è più della giustizia e che la giustizia non è piuttosto giustizia che sapienza e del pari la vita non è piuttosto vita che conoscenza, né la conoscenza piuttosto conoscenza che vita.[25] Infatti tutte queste cose non sono in Dio per confusione o commistione o quasi mutua penetrazione di elementi diversi, ma per una semplice suprema ineffabile fontale unità in cui ogni atto, ogni forma, ogni perfezione, quasi nel primo eminentissimo fonte, nei profondissimi tesori della divina infinità, sono così eccellentemente racchiusi sopra tutto e oltre tutto, da essere non solo intimi a tutti, ma più strettamente uniti con tutti, che il tutto con sé. Mancano assolutamente le parole, e sono anche del tutto inferiori al pensiero. Ma guarda, o mio Angelo, quale stoltezza ci domina ! Nel corpo, noi possiamo amare Dio più di quel che ci sia possibile dire o conoscere. Amandolo gioviamo di più a noi, fatichiamo meno, gli rendiamo maggiore onore. E tuttavia preferiamo cercando sempre mediante la conoscenza, non trovare mai quel che cerchiamo, piuttosto che posseder nell'amore ciò che senza l'amore sarebbe inutile anche ritrovare.

Ma torniamo al nostro ragionamento. Evidentemente ti è ormai chiaro in che modo si possa chiamare Dio mente e intelletto e vita e sapienza, e insieme collocarlo sopra tutte queste cose, affermandosi tuttavia in verità e senza contraddizione l'una e l'altra tesi; né Platone[26] dissente da Aristotele per il fatto che nel libro sesto della Repubblica pone Dio, che lì chiama idea del bene, al di sopra dell'intelletto e degli intelligibili, dando a quello l'intendere a questi l'intelligibilità, mentre spesso Aristotele chiama Dio intelletto, intelligente e intelligibile. Infatti anche Dionigi l'Areopagita, pur dicendo come Platone, non negherà tuttavia con Aristotele che Dio non ignora né sé né le altre cose. Perciò, se Egli si conosce, è intelletto ed intelligibile; infatti è necessario che conosca e sia conosciuto, chi si conosce. E tuttavia se, come ho detto, intendiamo queste perfezioni come particolari o, dicendo intelletto, significhiamo una natura che tenda all'intelligibile come ad altro fuori di sé, Aristotele non meno dei Platonici negherà con assoluta fermezza che anche Dio sia intelletto e intelligibile.

Nel terzo grado, mentre ci avviciniamo sempre più alla tenebra, ci si è fatto chiaro che non solo non dobbiamo pensare Dio con empio pensiero come qualcosa di imperfetto e quasi manchevole, come sarebbe qualora si dicesse corpo, o anima di un corpo, o essere animato composto di entrambi. E non dobbiamo pensarlo neppure nella nostra umana sapienza come un qualche genere particolare, ancorché perfettissimo, chiamandolo o vita o ragione; ma dobbiamo riconoscere che è qualcosa di migliore anche di ciò che è indicato da termini universali che comprendono tutto, come l'uno, il vero, l'essere e il bene.

Nel quarto grado abbiamo imparato che l'essere assoluto è inferiore non solo ad essi, ma ad ogni nome che noi possiamo formare, a ogni ragione che noi possiamo concepire; ed allora soltanto l'abbiamo potuto in qualche modo conoscere, quando del tutto l'abbiamo ignorato.

Dal che si può afferrare che Dio non è solo, come dice Anselmo,[27] ciò di cui nulla di maggiore può pensarsi, ma è ciò che infinitamente supera tutto quel che può pensarsi, sì che veracemente si è espresso, secondo il testo ebraico, David profeta : « A te è lode il silenzio[28] ». Questo quanto alla prima difficoltà. Di qui si apre anche una grande finestra al legittimo intendimento dei libri di Dionigi *Sulla mistica teologia* e *Sui nomi divini*, nei quali bisogna guardarsi dal sottovalutare quello che ha scritto, che è grandissimo;

ma anche, sottovalutando tutto quel che intendiamo, dal foggiarci fantasie e commenti incomprensibili.

Capitolo sesto.
Nel quale si scioglie la seconda difficoltà dei Platonici sulla materia prima.

Quello che obbiettano circa la materia prima è sciocco. Essa infatti in quanto *è*, è una. Che anzi, se vogliono seguire alla lettera le parole di Platone, bisogna che concedano che essa è piuttosto ente che uno. Infatti Platone non afferma che essa sia nulla del tutto, altrimenti come potrebbe essere ricettacolo delle forme, nutrice, una certa natura e le altre cose che afferma nel *Timeo*[29] ? Non è dunque il nulla, cioè non è del tutto priva di essere, se dobbiamo credere a Platone, che tuttavia nel *Filebo* la chiama non solo molteplicità, che, come vogliono costoro, si oppone all'uno come l'essere al nulla, ma infinito.[30] La molteplicità poi, se è finita, non sfugge del tutto all'unità, poiché in quanto finita è una; ma la molteplicità infinita non ha per nulla la natura dell'uno come non ha quella del limite. La materia prima, dunque, secondo Platone, è piuttosto essere che uno, mentre coloro che ci si oppongono per dimostrare che l'uno è superiore all'essere, sostengono che *non è*, ma è tuttavia unità. Anche Giamblico Platonico nel suo libro *Sulla setta Pitagorica*[31] chiama dualità la materia prima, perché la dualità è la prima molteplicità, la radice di tutte le altre molteplicità. Dunque la materia prima, secondo colui che tra i Platonici è così grande da esser chiamato divino, non solo non è una bensì molteplice, ma è addirittura la radice di ogni molteplicità esistente nelle cose. Questo abbiamo detto a coloro che ci obbiettano le sue argomentazioni; ché del resto la materia prima non è priva del tutto né di unità né di essere. La forma, stessa che le dà l'essere, le dà l'unità.

Tralascio poi le discussioni sulla sua unità affermativa e negativa, cose tutte che sono notissime a coloro che abbiano una consuetudine anche minima con l'Aristotelismo.

Capitolo settimo.

In cui si scioglie la terza difficoltà dei Platonici circa la molteplicità, e si mostra che a quanti dicono che l'uno è superiore all'ente bisognerebbe concedere qualcosa che Platone rifiuta.

Ma si ingannano moltissimo sul terzo punto. Infatti la molteplicità non si oppone all'uno nel modo in cui il non essere si oppone all'essere. Questa è infatti un'opposizione contraddittoria, quella di privazione o contrarietà, cosa su cui discute ampiamente Aristotele nel libro decimo della *Metafisica*.[32] Ma coloro che si dicono Platonici considerino le difficoltà in cui cadono quando dicono che l'uno è superiore all'ente. È certo che quando due generi sono tra loro in rapporto tale che l'uno è sussunto all'altro come a genere più ampio, può accadere che sfugga all'ambito dell'inferiore qualcosa che tuttavia non sfugge al superiore, che perciò appunto viene detto più comune. L'esempio è ovvio, perché animale è più comune di uomo, in quanto qualche essere può essere non-uomo o non essere uomo pur essendo animale. Analogamente se l'uno è più comune dell'essere, può accadere che qualcosa sia non-essere o niente e tuttavia uno; nel qual caso l'uno sarebbe predicabile del non-essere, il che Platone nega esplicitamente nel *Sofista*.[33]

Capitolo ottavo.
In cui si dichiara che l'essere, l'uno, il vero e il bene sono in tutte le cose che sono dopo Dio.

È affermazione verissima che sono quattro i predicati di tutte le cose, e cioè l'essere, l'uno, il vero e il bene, se si intendono in modo che le loro negazioni siano il niente, il diviso, il falso e il male. Due altri ne furono poi aggiunti, e cioè il qualcosa (*aliquid*) e la cosa (*res*) dai seguaci di Avicenna, che in molti luoghi alterò la filosofia d'Aristotele, onde ne nacquero le grandi polemiche con Averroè. Ma su questo punto la discordia è su una piccola questione.[34] Questi infatti dividono le cose sussunte all'uno in uno e alcunché (*aliquid*), il che non è alieno dal pensiero di Platone, che nel *Sofista*[35] pone tra questi predicati ultimi il *qualcosa;* ciò che poi è contenuto dall'essere, dividono in essere e cosa. Ma di ciò altrove; per proseguire quanto abbiamo iniziato, questi quattro predicati sono diversamente in Dio e nelle cose che sono dopo Dio, poiché Dio li ha da sé, mentre le altre cose li hanno da lui.

Guardiamo prima come si trovino nelle cose create. Tutto ciò che è dopo Dio ha una causa efficiente, esemplare e finale. Tutto infatti è da lui, per lui, verso lui. Se dunque consideriamo le cose come sono costituite da Dio in quanto causa efficiente, sono dette esseri, poiché partecipano dell'essere per la sua efficienza. Se le consideriamo in al loro esemplare che chiamiamo idea, secondo cui le creò Dio, e cioè all'essere, all'uno, al vero, al buono, al qualcosa, alla

50

cosa (gli ultimi due predicati aggiunsero i seguaci di Avicenna), sono dette vere. Così si dice vera immagine di Ercole quella che corrisponde al vero Ercole. Se le cose tendono a Dio come al loro fine ultimo, si dicono buone. Se ogni cosa è considerata assolutamente in sé, si dice una.

L'ordine poi è questo : che prima ogni cosa sia considerata sotto la categoria dell'essere, poiché la causa agente fa sì che qualunque cosa sia prima d'essere *qualcosa* in sé, altrimenti non dipenderebbe dall'agente in tutto il suo essere. Perciò nulla v' è di posteriore a Dio che non includa nel suo concetto il suo essere da altro; l'essere finito è l'essere per partecipazione.

All'essere succede l'uno. Terza è la verità; infatti, dopoché qualcosa è in sé, bisogna considerare se sia tale quale è l'esemplare rispetto a cui fu formata e, se si trova ad esso simile, rimane che nella bontà si converta in lui come affine e congenere. Che poi questi predicati siano di pari estensione, chi è che non vede ? Poni un ente; è certamente uno. Infatti chi non dice uno, non dice nulla, come afferma Platone nel *Sofista*. Poiché quell'ente, qualunque sia, è da sé indiviso ma diviso dagli altri che non sono lui; e quando diciamo questo intendiamo l'uno; cioè, per esprimerci in termini platonici, « è identico a sé e diverso dal resto »; e questo dice esser proprio di ogni ente nello stesso dialogo. E necessariamente ogni essere è vero. Se infatti è uomo, è vero uomo, ed è lo stesso dire che una cosa non è vero oro o non è oro. Infatti quando tu dici: «non è vero oro», significhi con questo: «Sembra che sia oro ed è qualcosa simile all'oro, ma non è oro».

Perciò Aurelio Agostino definendo il vero nei

Soliloqui dice: «il vero è quello che è[36]», il che non deve intendersi nel senso dell'identità di essere e vero, infatti, pur coincidendo in realtà, differiscono per essenza e definizione, per cui l'uno non deve essere determinato mediante l'altro. Ma Agostino volle dire con ciò che una cosa si dice vera quando è quel che si significa e si dice essere; come l'oro che è vero quando è oro e non è altro che oro. Questo disse affermando: «il vero è ciò che è». Il che alcuni trascurando, combattono senza motivo la definizione.

Non diversamente l'essere è il bene, poiché tutto quello che è, in quanto è, è bene. E molto erra, a mio parere, Olimpiodoro,[37] quando crede di dimostrare che il bene è diverso dall'essere, poiché desideriamo assolutamente il bene e non del pari l'essere in senso assoluto, ma lo star bene e il poterlo ottenere, tanto che, se stiamo male, desideriamo non essere. Infatti, tralasciando ora la questione se coloro che stanno male possano desiderare di non essere con retto e naturale desiderio, sfugge a Olimpiodoro che la bontà è molteplice come l'essere. V'è infatti un primo essere naturale delle cose, come per l'uomo essere uomo, per il leone esser leone, per la pietra essere pietra; e a questo essere corrisponde individualmente una bontà naturale. Altri modi d'essere vi sono, che si possono chiamare avventizi, come per l'uomo l'essere sapiente, bello, sano. Come la sapienza e la bellezza sono esseri diversi dall'umanità, così sono beni diversi. Un bene è infatti l'umanità per cui l'uomo è uomo, un altro bene la sapienza per cui è non più uomo, ma uomo sapiente, come quella e questa sono e si dicono diverse.

Come dunque tutte le cose desiderano il bene, così tutte desiderano l'essere, e prima desiderano quel bene che consegue all'essere naturale, poiché è fondamento dei beni seguenti che tutti ad esso sopraggiungono, e di esso non possono fare a meno. Come infatti, potrà essere felice chi non esiste ? Ma non basta il bene che si raggiunge con l'essere; si desidera anche di ottenere quelli che lo compiano e lo aumentino. Infatti come diciamo giustamente che gli esseri desiderano altri beni oltre il primo bene, così possiamo dire con verità che oltre il primo essere desiderano altri modi d'essere, poiché è diverso esser felice ed essere uomo. E se può darsi che uno voglia non essere, se non è felice, non seguirà, come vuole Olimpiodoro, che una cosa sia il bene e un'altra l'essere, ma che una cosa è l'essere uomo e un'altra la felicità; e ancora una cosa il bene dell'essere uomo e un'altra quello della felicità; e l'uomo non vuole il primo, se non ha anche il secondo.

Tralascio se nello stesso modo qualcosa si dica assolutamente bene e assolutamente essere, o se quel che si dice assolutamente essere si dica anche bene, e, vicceversa, se quel che si dice assolutamente bene si dica anche essere; non è questo il luogo per discutere tutto.

Si diceva piuttosto che tutto quel che è, è bene in quanto è. «Dio vide infatti tutte le cose che aveva fatto ed erano molto buone».[38] E come diversamente ? sono opera di un artefice buono che imprime in tutte le cose che fa l' immagine sua. Nell'essere delle cose dunque possiamo ammirare la potenza di Dio creatore; nella loro verità venerare la sapienza dell'artefice; nella bontà amare la liberalità dell'amante, nell'unità afferrare la semplicità per così dire unica del creatore, che ha unito ogni cosa in sé, tutte le cose fra loro, tutte le cose a sé, tutto chiamando all'amor di sé, degli altri e finalmente di Dio.

Esaminiamo anche gli opposti, se abbiano similmente la stessa estensione. Quel che abbiamo detto sopra mostra che falso e niente sono lo stesso. Se diciamo che il male e il niente differiscono, protesteranno i filosofi e i teologi insieme, poiché fare il male è un non fare e del male si suol dire che la causa non è efficiente, ma deficiente. Di qui si confuta la stoltezza di coloro che hanno posto due principi, l'uno dei beni e l'altro dei mali, come se vi fosse un principio efficiente del male. Dividere poi una cosa è come distruggerla, nè possiamo togliere a una cosa qualsiasi la sua naturale unità in modo che il suo essere rimanga tuttavia nella sua integrità. Infatti il tutto non è l'insieme delle parti, ma quell'unità che scaturisce dalle parti, come insegna Aristotile nel libro ottavo della *Metafisica*.[39] Perciò, se dividi il tutto nelle parti, le parti rimangono, ma il tutto che si divide non rimane e cessa di essere in atto per restare solo in potenza, come le parti che prima erano in potenza cominciano allora ad essere in atto. Infatti, prima, nel tutto, non avevano in atto una unità propria, che acquistano per la prima volta quando sussistono per sé, separate dal tutto.

Capitolo nono.
In cui si dichiara in che modo quei quattro attributi siano in Dio.

Esaminiamo ora come queste categorie sono in Dio, in cui non si trovano rispetto alla causa, che egli non ha; poiché, causa di tutto, non deriva da nulla. In Dio possono considerarsi in due modi, o in quanto è in se stesso, o in quanto è causa degli altri esseri; distinzione che non conviene alle cose create, per quanto riguarda questa questione, poiché Dio può essere senza essere causa, mentre le altre cose non possono sussistere se non in quanto causate da lui. Consideriamo dunque innanzitutto Dio come la totalità di ogni atto, la pienezza dell'essere. Al che consegue la sua unicità, non essendo possibile concepire un opposto. Vedi quanto errino quelli che suppongono più principi primi, più dei ! Ma subito risulta che Dio è somma verità. Infatti come può avere qualcosa che appaia e non sia, colui che è l'essere stesso ? Segue con certezza che è la verità stessa; ma sarà anche la bontà stessa. Tre infatti sono le condizioni del bene, come scrive Platone nel *Filebo*, che sia perfetto, sufficiente, desiderabile.[40] Ma quell'essere che così concepiamo sarà perfetto, poiché nulla mancherà a chi è tutto; sarà sufficiente, perché a chi lo possegga non mancherà nulla in Colui in cui si troverà tutto; sarà desiderabile, poiché da esso e in esso sono tutte le cose per qualunque ragione desiderabili.

Dio dunque è pienissimo essere, individua unità, solidissima verità, beatissima bontà. Questa, se non mi inganno, è quella famosa *quaternità*, in nome della quale Pitagora giurava e che chiamava principio del perenne fluire della natura.[41] Abbiamo infatti dimostrato che queste cose, che sono Dio uno, sono il principio di tutto. Ma giuriamo anche per ciò che è santo, che è solido, che è divino; e che v' è di più solido, di più santo, di più divino ?

Che se attribuissimo a Dio, in quanto causa delle cose, queste quattro denominazioni, ogni ordine si sovvertirebbe. Prima infatti sarebbe uno, perché prima si intende in sé, che non come causa. In secondo luogo sarebbe buono, in terzo vero, in quarto essere. Infatti, essendo la causa finale anteriore a quella esemplare e quella. esemplare a quella efficiente (infatti prima vogliamo avere ciò che ci protegga dalle intemperie, poi concepiamo nella mente l'idea di casa, infine la costruiamo nella materia), se, come abbiamo definito nel capitolo precedente, il bene riguarda la causa finale, il vero quella esemplare, l'essere quella efficiente, Dio come causa avrà prima l'attributo del bene, poi del vero, infine dell'essere.

Cose tutte che qui brevemente compendiamo, ancorché piene di molti e grandi problemi.

Capitolo decimo.
Nel quale tutta la discussione si rivolge alla perfezione della vita e alla purificazione dei costumi.

Ma acciocché non discutiamo per gli altri piuttosto che per noi, bisogna aver cura che, mentre scrutiamo profondissime questioni, non viviamo in questa umile condizione indegna di coloro, cui dal cielo è stato concesso di indagare anche le ragioni delle cose celesti. Bisogna di continuo riflettere che questa nostra mente, cui sono accessibili anche le cose divine, non può essere di seme mortale né trovare la felicità fuori del possesso del divino, poiché, mentre quaggiù va peregrinando come straniera, tanto più si avvicina alla felicità, quanto più, abbandonata la cura delle cose terrene, si erge e si slancia verso ciò che è celeste. Questa nostra disputa sembra che innanzitutto ci avverta che, se vogliamo esser beati, dobbiamo imitare il beatissimo Dio, possedendo in noi l'unità, la verità e la bontà.

L'unità della pace è turbata dall'ambizione che

trascina l'animo fuori di sé, e quasi fatto a brani lo porta via trascinandolo qua e là. Chi non perderà la luce splendente del vero nel fango tenebroso del piacere ? La insaziabile cupidigia, l'avarizia, ci portan via la bontà. Infatti è proprio della bontà dividere con gli altri i beni che si posseggono. Perciò appunto, chiedendosi Platone perché Dio avesse creato il mondo, rispondendo disse: «era buono»[42], come scrive Giovanni[43], , vengono dal mondo e non dal Padre, che è l'assoluta unità, l'assoluta verità, l'assoluta bontà. Fuggiamo perciò dal mondo che è posto nel maligno, e voliamo dal Padre, dove è pace unifica, dove è luce verissima, dove è gioia ottima.

Ma chi ci darà le ali per volare lassù[44] ? L'amore delle cose del cielo. Chi ce le toglierà[45] ? la brama delle cose terrene, cercando le quali perderemo l'unità, la verità, la bontà. Infatti non saremo un'unità, se col patto della virtù non avvinceremo il senso curvo a terra e la ragione volta al cielo, ma in noi due principi quasi regnando a vicenda, mentre seguiamo Dio per la legge dell'anima e Baal per quella della carne, sarà devastato senza dubbio il regno nostro intimamente diviso. Che se poi saremo un'unità nel senso che, asservita la ragione al corpo, sola comandi la legge di questo, sarà questa una falsa unità perché noi non saremo veramente noi stessi.

Si dirà infatti e sembrerà che siamo uomini e cioè animali viventi secondo ragione, e tuttavia saremo dei bruti aventi come norma l'appetito del senso. Inganneremo chi ci vedrà, coloro fra cui vivremo. L' immagine non corrisponderà al suo esemplare. Poiché noi siamo a immagine di Dio e Dio è spirito, e noi allora non saremmo più spirituali, come dice Paolo,[46] ma animali. Se invece nella verità noi non ci allontaneremo dal modello, dovremo poi nella bontà tendendo a lui congiungerci finalmente a lui.

Che se l'uno, il vero e il bene con perpetuo vincolo si collegano all'essere, quando noi non li possediamo, noi non siamo affatto, anche se sembra che esistiamo, e, pure credendo di vivere, piuttosto che vivere continuamente moriamo.

———————

[1] Manilii *Astronomicon,* III, 39.

[2] Aristotelis *Met.* IV, 2, 1003 e sgg.; XI, 3, 1060 b e sgg.

[3] PLATONIS *Parm.* 127 c-130 a, 130 b-135 c d.

[4] *Parm.* 135 d (tr. dei Ficino).

[5] *Parm.* 136 a e.

[6] *Parm.* 137 c-142 b.

[7] *Parm.* 137 0138 b ; *Parm.* 141 d-142 a.

[8] *Soph.* 237 d.

[9] PLATONIS *Soph.* 238 a c.

[10] SIMPLICII *in Phys.,* ed. Diels, I, 147.

[11] Ps. Dionysius Areop., *De nom. div.,* I, 6 ; PG III, 596 A B.

[12] Ps. Dionys. Areop., *Nom. divin.* i, 7 (PG III, 596 d) ; V, 6, 820 d-821 a.

[13] Platonis *Parm.* 137 c-142 b c; Plotini *Enn.* V. i, 8.

[14] ARISTOTELIS *Metaph.* VI, 2, 1026 a sgg.

[15] S. THOM. AQUIN., *I Sentent.,* d. 19, q. 4, a. 1.

[16] Cfr. *Metaph.* XII, 10, 1075 a sgg.

[17] ARISTOT., *Metaph.* XII, 10, 1076 a; HOMERI *Il.,* XVI, 204.

[18] Cfr. *I Cor.* XV, 31 ; *Rom.* VII, 24.

[19] Cfr. SENECA, *Ep. Mor.* CII, CXX.

[20] Augustini *Enarr. in Psalm.* 134 : PL XXXVI-VII, 1430-1474.

[21] *Psalm.* LXXXVII, 12.

[22] *Psalm.* LXXXIII, 3.

[23] Ps. DIONYS. AREOP., *Mystica iheol.* c. V (PG III, 898-1046).

[24] PLUTARCHI *De Iside et Osiride,* 49; VARRONIS *De lingua lat.* V, 10.

[25] AUGUSTINI *Serm.* CCCXL, I, 5 (PL XXXVIII-IX, 1498).

[26] PLATONIS *Resp.* VI, 509 b. Cfr. ARISTOTELIS *Metaph.* XII, 7, 1072

b.
[27] ANSELMI *Proslogium,* XV, PL CLVIII, 235.
[28] *Psalm.* LIV, 2.
[29] PLATONIS *Tim.* 49 a, 51 a, 52 d.
[30] *Phileb.* 16 c, 23 c-27 e.
[31] JAMBL., *De vit. Pyth., V.*
[32] ARISTOT., *Metaph.* X, 3, 1054 b.
[33] PLATONIS *Soph.* 238 d.
[34] AVICENNAE *Metaph.* i, 4. Cfr. HELIAE CRETENSIS *Quaestio de ente, essentia et uno* con i testi di Averroé e Avicenna sull'argomento.
[35] *Sophista,* 251 a-253 b.
[36] AUGUSTINI *Solil.* II, 5 ; PL XXXII, 889 (nam verum mihi videtur esse id quod est).
[37] OLYMPIODORI *in Phaed.,* 188, 29 (Norvin).
[38] *Gen.* I, 12.
[39] ARISTOTELIS *Met.* VIII, 3, 1044 a 2 sgg. ; Vili, 6, 1045 a 7 sgg.
[40] *Phileb. 20* c d.
[41] JAMBL., *Vita Pyth.* 82.
[42] *Tim.* 29 e.
[43] *I Joh.* II, 16 ; *I Joh.* V, 19.
[44] *Psalm.* LVII, 7.
[45] *Col.* III, 1-2.
[46] *I Cor.* II, 14; XV, 46.